新しい隼人国への道

中村明蔵

国分進行堂

はじめに

マスで歴史困惑

若い世代の人びとに歴史の話をしていて、語る方も、聞く方も困惑することがしばしばある。

その代表的例が米を計る枡《ます》の知識が欠如していることである。一升《いっしょう》がわからないだけでなく、一石《いっこく》と一升の関係がわからない人が大部分である。大名の石高の話をしても武士の階層の話をしても、石高《こくだか》の実質の上下はわかっていないようである。

そこで、日本は弥生時代に米作の収穫を漸次導入して、米穀の価値が高まってくると、その蓄積によって富者が力を拡大し、七世紀には班田制が採用されたことを説明した。

その収穫物の貯蔵は稲束のまま、各地の正倉に納められ保存されたので、稲束の大きさを一定にして、「一束《いっそく》」としていた。また一束は「十把《は》」として細分もした。稲の貯蔵には稲束が保存に最も適していたが、この保存法は嵩張《かさば》るのが欠点であった。そこで脱穀《だっこく》して「籾《もみ》」として保存するのが一般的になり、貯蔵量が増加するようになった。

現在でも農家では籾で保存する方法が採用されている。あとは臼《うす》を用いて殻《から》をはずすと米になり食用に適する。籾を米にすると半分の量になる。籾や米の計量には枡が用いられる。

その枡を一定の大きさに定めたのは、豊臣秀吉の検地、いわゆる「太閤検地」であった。太閤検地によって公定された枡を「京枡《きょうます》」いい、曲尺《かねじゃく》で縦横とも四寸九分、深さ二寸七分、容積は六四・八立方《りっぽう》となっている。曲尺は大工の用いる尺で、一尺が三〇・三センチ、その十分の一が一寸である。その京枡は現在も使われている。

ここまで一升枡の概略を語ると、ほぼ理解できるのではないだろうか。枡を知らない若者が、「一升ビン」と同じ容積と理解したようであるが、筆者はそれも一つの理解の仕方であろう、と妥協している。

しかし、一升ビンの中の米では、米の品質の細部は判定できないので、実際には枡でないとわからかないことが多い。それでも枡を見たこともない若者には一升ビン以上の理解を求めることは困難である。

若い人に、日本史を伝達し育成することに困惑している一例を述べたであるが、それらをどう克服するかが、筆者の課題の一つである。

新しい隼人国への道——目次

第一部

第二部

第三部

第一部

一章　大隅南部の歴史散策

破壊された古墳も

志布志湾周辺は、県下の古墳の密集地である。なかでも最古の高塚古墳とされていた飯盛山《いひもりやま》古墳はダグリ岬にあって、海上からも遠望できたはずであるが、いまはその姿を見ることができない。志布志町の国民宿舎の建設で、早い時期に破壊されており、多くの人はその写真すら見たことがない。残念な話である。

県本土は高塚古墳の南限である。したがって、その保存にはいっそうの配慮を要す

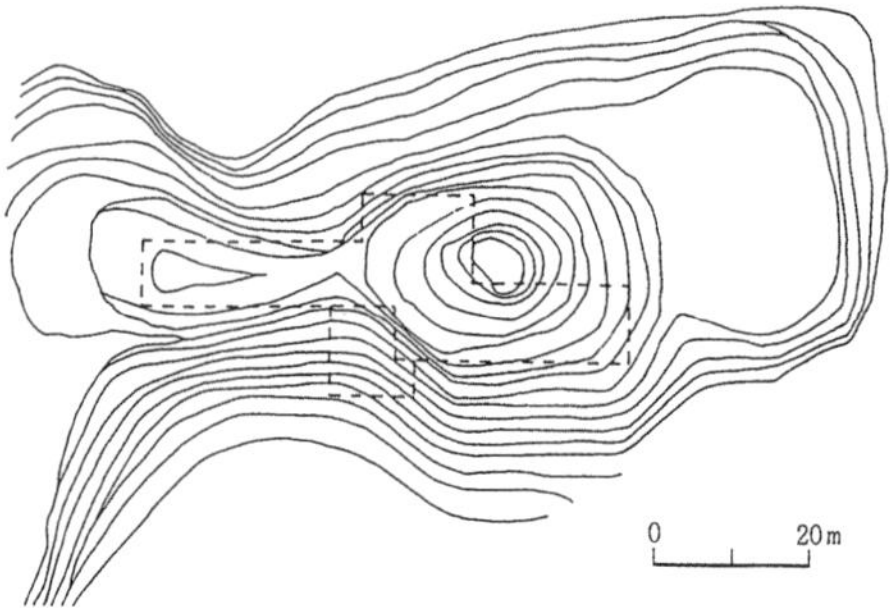

飯盛山古墳（破線は国民宿舎）

るが、部分的に破壊された古墳は、他にもある。その一つが志布志市の西、大崎町の神領《じんりょう》古墳群である。この古墳群は鉄道の敷設によって部分破壊されている。

一九三五年（昭和一〇）に串良《くしら》〜志布志間に鉄道が開通し、その間に大崎駅が置かれたが、この古江線（のちの大隅線）によって神領古墳群の一部が削られている。その大崎駅も一九八七年（昭和六二）にこの路線の廃止によって、いまは駅舎跡地が学校給食センターになっている。

その給食センターの門前に立つと、真直ぐ道路が伸びている。その道路が路線跡であり、古墳群が分断されているのが分るはずであるが、古墳群は雑木林と竹やぶに隠れるように存在しているので、墳形は分りにくい現状である。

図版（次ページ）の地図で「☆現在地」とあるのが、給食センターの門前である。

その門前の道路が古墳群をほぼ中央付近で分断している様相がおよそ見当づけられるであろう。その中の一〇号墳を注目していただきたい。

　この神領一〇号墳をいまからほぼ十年前に鹿児島大学総合研究博物館の橋本達也先生を中心とするグループが発掘調査をされて、人物埴輪などを発見している。県内で人物埴輪の全体像が出土したのはこれが初めてであり、貴重な遺物で同博物館に所蔵、展示されている。

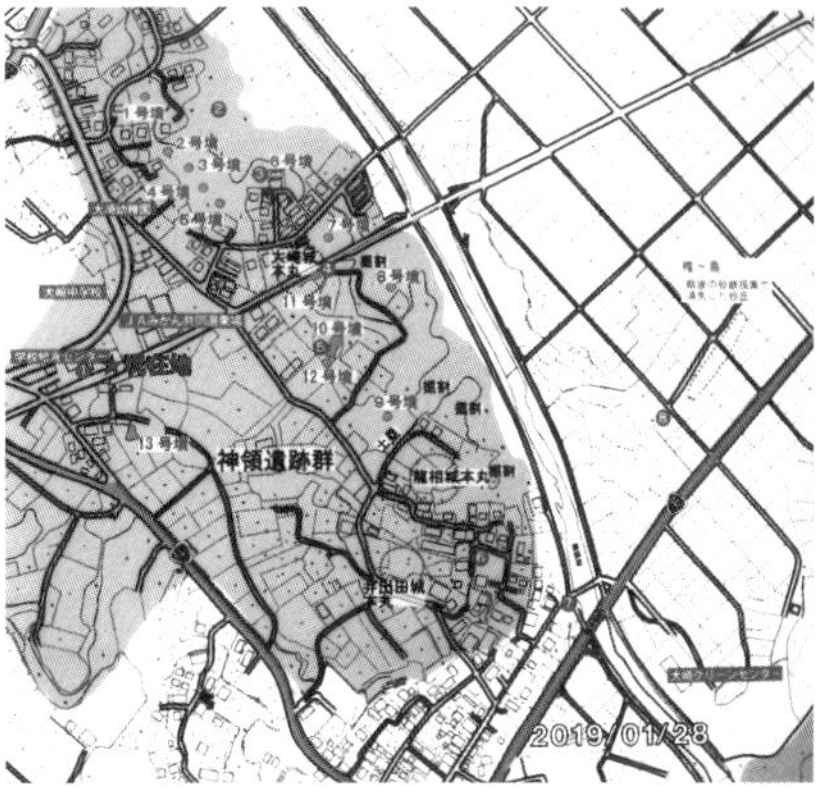

神領古墳群（案内図より）

　大崎町にはこの他、前方後円墳の雄姿をくっきりと見せてくれる横瀬《よこせ》古墳があり、少し離れた東串良町に県内最大の前方後円墳である唐仁大塚《とうじんおおつか》古墳（全長一三七メートル）が立地している。この古墳の前方部正面には大塚神社の鳥居があり、後円部社殿の直下が石室の蓋石《ふたいし》である。また、唐仁大塚古墳の周辺には前方後円墳が六基、円墳一三三基があり、志布志湾沿岸部一帯は、高塚古墳の密集地

唐仁大塚古墳（上空より）

↑（鳥居）

前方部正面の鳥居（唐仁大塚古墳）

である。その間には、在地性の特色をもつ地下式横穴墓も見られるので、古代墳墓の展示場の観がある。

破壊された大寺跡

古墳ばかりではない。志布志湾岸一帯には、有数の大寺が存在していたが、これらの大寺は、薩摩藩によって破壊されており、筆者はその跡地で立ち尽すばかりである。

幕末から明治維新にかけての廃仏毀釈により、薩摩藩では一〇六六寺が毀され、鹿児島県内には江戸時代以前の寺院は一寺も残っていない。その歴史的実状については、別に述べたことがある（拙著『薩摩　民衆支配の構造』（南方新社））。

それらの寺院のなかには、志布志市や大崎町の寺院もあり、例外ではない。これらの地域は、旧日向国諸県郡《もろかた》であったから、島津領ではなかった、と考える方も時にあり、異を唱えて、質問を受けることがある。しかし、諸県郡の大部分は島津領で薩摩藩であったから、廃仏毀釈の対象になっていた。

一八二八年（文政十一）の『薩藩政要録』によると、四〇〇石以上の寺高の寺院の、大きい順を見ると、城下鹿児島の福昌寺・大乗院について三番目に志布志の大慈寺《だいじ》があり、寺高五八一石である。また、七番目に大崎の照信院があり、四七一石である。いわば寺院のビッグテンのうち、七位までに志布志湾岸の二寺が入っており、四位に曽於郡霧島の華林寺《けりん》が入り、他の四寺はすべて鹿児島城下の寺院である（五位南泉院・六位寿国寺）。

ちなみに、地方の寺院では九位に加世田の日新寺《じつしん》が入っている。なお、八位は城下の南林寺、十位は城下の浄光明寺であるから、地方寺院が十位までに入るには、相応の規模と来歴があったことが分る。

ここでは、志布志湾沿岸に近い志布志の大慈寺と大崎の照信院を取りあげて、話題

現在の大慈寺

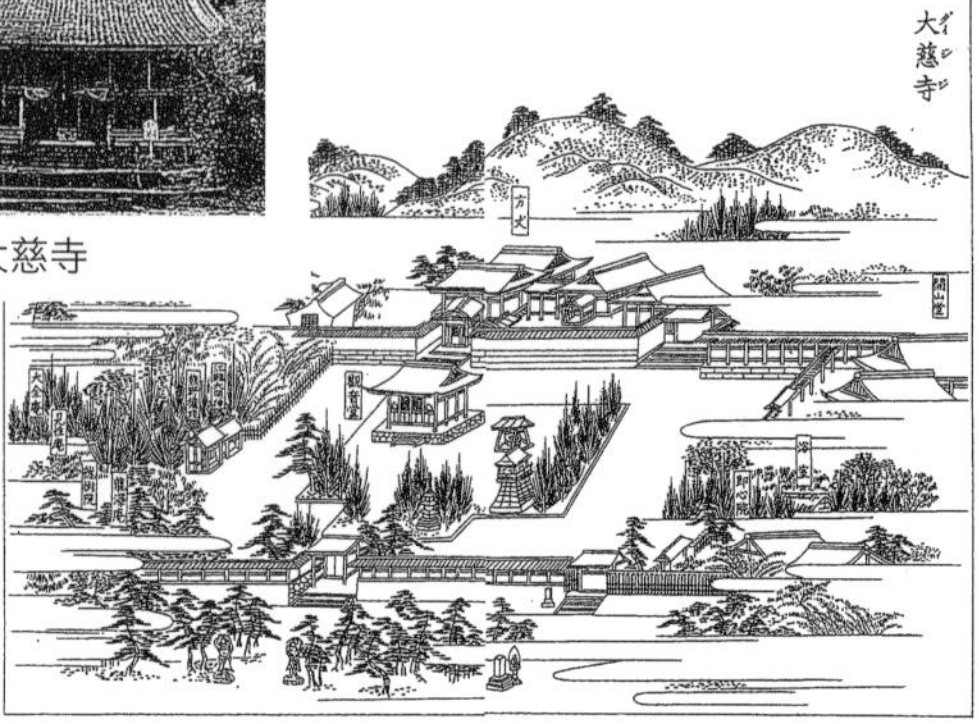

大慈寺（『三国名勝図会』）

にしてみたい。

　大慈寺は、志布志市在住の人ならほとんどがその場所を知っている。市役所や図書館などの近くであり、いわば市の中心部に立地することからわかりやすい位置なのであろう。またある人は、「マルチョンラーメンの前」と教えてくれた。このラーメン屋は志布志一帯では知らぬ人がないほど有名な店らしい。

　大慈寺の現在の建物は廃仏毀釈後の小じんまりしたものであるが、かつての境内は現在の市役所一帯も広く包括した広大なもので、臨済《りんざい》宗の大寺として京都五山《ござん》に次ぐ十刹《じっさつ》の一寺であったという。江戸時代の『三国名勝図《ず》会《え》』の絵図によっても、その規模の大きさが知れる。

大慈寺に比して分りにくいのが、大崎の照信院跡であった。大隅半島に詳しい知人に聞いても知らないということで、自分で探しはじめたが、『三国名勝図会』にはそれらしい寺院の名称が「昭倍院」となっている。したがって、筆者はその名称からして一時は困惑してしまった。

　しかし、昭倍院の他に昭信院らしい寺院は見あたらないので、倍と信は字体がくずれて草書体に近くなると見分け難くなると推定して、おそらく信が宗教的で本来の字であろうと考えていた。

昭倍院（実は昭信院。（出典は同上））

　この推定はあたっていた。大崎町の現地に出かけ、歴史遺物を展示している中央公民館の担当者に、昭信院の名称でその跡地を尋ねたところ、ご教示を得たのであった。それでも、その跡地を探すのにやや手間どった。それは大寺であったはずだから、分

昭信院跡（大崎町）

りやすい場所であろうとの先入観があったからである。

ようやく跡地を探し出して行って見ると、そこは熊野神社になっていた。昭信院は天台修験と聞いていたので、熊野とは縁が深いと思い、入口の仁王の無慚な姿に頭を下げ、階段を昇って、民家と見紛《まが》う建物が神殿のようで、これがかつての薩摩藩有数の寺院のなれのはてかと、改めて廃仏毀釈のすさまじさを感じた。

帰途に入口の仁王像に目をこらすと、右側の像は、首から上と両手が欠け、左側の像は補修の跡が目立つものの何とか原型を保っているが、それでも手が欠けていた。おそらく、破壊され打ち捨てられていたものを回収したのであろう。

さらに、奇妙に思ったのは、説明板には「昭信院」の文字は見出せず、「飯隈山飯福寺」とあり、慶雲五年（七〇九）に京都天台宗の聖護《しょうご》院を本山とし、本山派の修験により仏法を護持するため、義覺尊師により開山、などとあった。この説明に疑義を感じながら、あわれな仁王像に別れを告げた。

その後、調べたところでは、『要用集』に本山派山伏天台宗として「飯隈《いくま》山飯福《いいふく》寺大崎昭信院」とあるらしく、昭信院の別名であることが分った。また、一帯に二八坊を擁した大寺院であることも記されていた。

昭信院跡入口

都萬神社（大崎町）

大崎にはこのような大寺院のほかに、中心部の小丘陵には日向では有名な都萬《つま》神社がある。都萬神社の本社的存在は日向国の児湯《こゆ》郡（現、西都市）にあり、平安時代からの式内社である。児湯郡は日向国府の所在地であり、日向国では全五郡の郡ごとに都萬神社が設けられていた。

大崎の都萬神社は大崎郷の総廟で、かっては浜殿下《はまどのくだ》りが九月の祭日にあり、流鏑馬《やぶさめ》も奉納されていたという。

根占一帯を散策

志布志湾沿岸地域から南西へ足を伸ばして根占《ねじめ》を訪ねたが、途中の神川《かみかわ》を渡った所で、以前に立ち寄った神川大滝を再訪してみた。前に訪ねた時は夏休みであったこともあり、子ども達が水遊びに興じていた。今回は真冬の、しかも平日の午前中のせいか、静寂な空気で人の気配がほとんどなかった。

やっと人影を見出した。おばさんが一人こちらへやって来たので、あいさつを交わした。あとで分ったのであるが、おばさんは大滝公園の管理を委託されているようで、見廻りをしているようであった。

水量十分の滝の近くに寄ると、しぶきを感じ、冷気で身がひきしまるようであった。清浄な空気に包まれたひとときを過ごし、根占に向かった。

根占の雄川《おがわ》沿いの風景に、また出会ったという思いである。県下では最初の図書館が設立されたという土地柄だけに、あちこちに歴史が深く息づいている。

神川大滝

大楠（雄川河口）

雄川の河口は中世には唐・南蛮・琉球などの船が出入りする貿易港であったといい、それらの船のともづなを係留したという大楠がいまも残っている。この大楠は樹齢約千年というから、根占の栄枯盛衰を知っているはずである。その大楠の根元近くをひとまわりして、幹の樹皮に耳をあててみるが、黙して何も語ってくれない。

川沿いを東に進

む。中世の禰寝《ねじめ》氏を研究していたK君に誘われて宿泊したことのある小じんまりしたホテルの前を通りながら、いびきに悩まされた昔日を思い出す。彼とは、トカラ列島の宝島でも同宿する縁があり、その時民宿でいただいた大きな夜光貝がいまも筆者の手元にある。

　東に進んだ道の突きあたりには、二つの赤い鳥居が入口に横に並んだ諏訪《すわ》神社がある。上社《かみしゃ》と下社《しも》である。諏訪神社は鹿児島に多いが、明治の初めに南方《みなみかた》神社と改名された例もかなりあり、また上下両社が一社に合《ごう》祀《し》され、鳥居も一つになっている。諏訪神社の歴史や、信濃《しなの》（長野県）にある諏訪本社の参詣記述は本誌の以前の号に載せたので、ここでは省略したい。ついでに

諏訪神社（根占）

書き記しておくと、鳥居が横並びにある例は薩摩半島にも残っており、枕崎などにもある。

　以上、大隅南部には各地に歴史遺構・遺物が残っており、その一部を散策したので

あったが、機会があれば、まだめぐってみたい場所が残されている。

大隅も一様にあらず

「大隅」と一括して表記するが、前記のように巡ってみると、大隅もそれぞれの地域によってかなりの差異がある。それはヤマト王権の勢力の伸張度において顕著である。

それはまた、前方後円墳の分布がよく示している。前方後円墳は、ヤマト王権の中核部に古式の形式が多く、時期が下降するにしたがって地方に分布が広がり、その墳形や出土物が変化していることから、大まかな築造時期を判定できよう。

ただし、七世紀末から八世紀初めの古墳の終末期になると、明日香村の高松塚古墳やキトラ古墳のように玄室の四方に四神図や天井部に天文図などが確認される円墳も築造されている。

前方後円墳は北は岩手県から南は鹿児島県にわたって、約四千基分布しているが、それらの墳墓の被葬者は、ヤマト王権の大王と何らかの関係を結んでいたとみられている。

このような見方からすると、九州南部の大隅でも、志布志湾沿岸部と大隅半島南部では、古墳時代にはヤマト王権の勢力の浸透度に差異があったことが認められよう。

その点では、志布志湾沿岸部はヤマト王権の影響が早い時期に及んだ地域といえよう。いっぽう、大隅半島南部は王権の影響は間接的であったといえるが、そ

佐多岬（大隅半島最南端）

れを後進的地域と断定するのは拙速であろう。

大隅半島南部からは、種子島が臨めるし、その南には南島が点在し、大陸との交易も認められる。

大隅半島南部はそのような視点に立つと、独立性を保持していたともいえよう。

二章　古代人　漢字を学ぶ

最古の漢字は種子島か

近世の幕開けに、鹿児島に鉄砲やキリスト教が伝えられたことは、よく知られている。ところが、日本に最初に漢字が伝えられたのも鹿児島ではなかったか、という話がある。

伝来の場所は、種子島の広田《ひろた》遺跡で弥生時代の遺物と

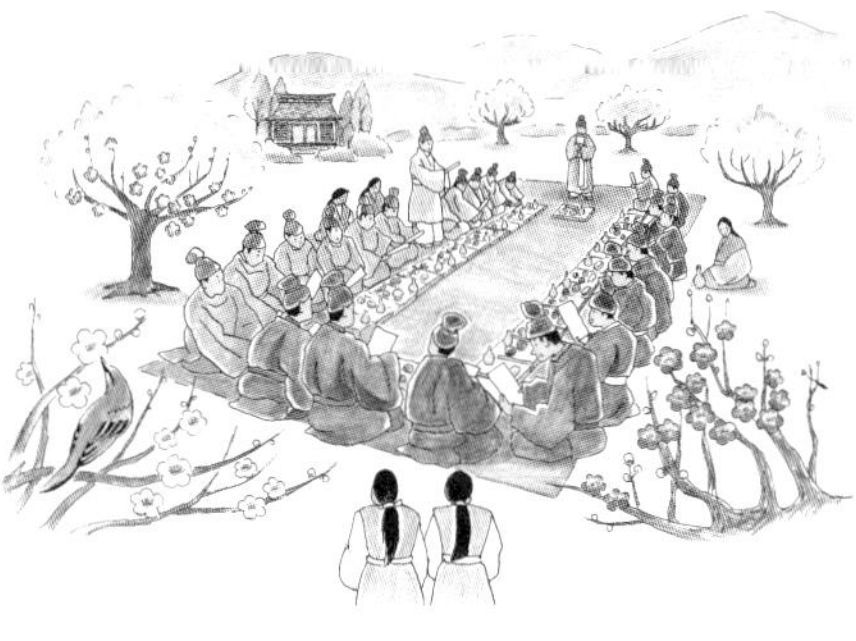

いうから、いまから約二千年前、あるいはそれ以前である。貝製の札に「山」の字が一字、みごとな書体で彫られていた。

この「山」をめぐっては、考古学研究者をはじめ、古代文字に関心をもつ研究者の間で論争がある。日本に伝来した最古の文字だという説と、単なる文様だという説である。ペンダントのようなもので装飾品のようでもあるが、同じ遺跡には人骨も埋葬されていたことから、「山」字には墓地を意味する用例があることを指摘する説など、さまざまである。

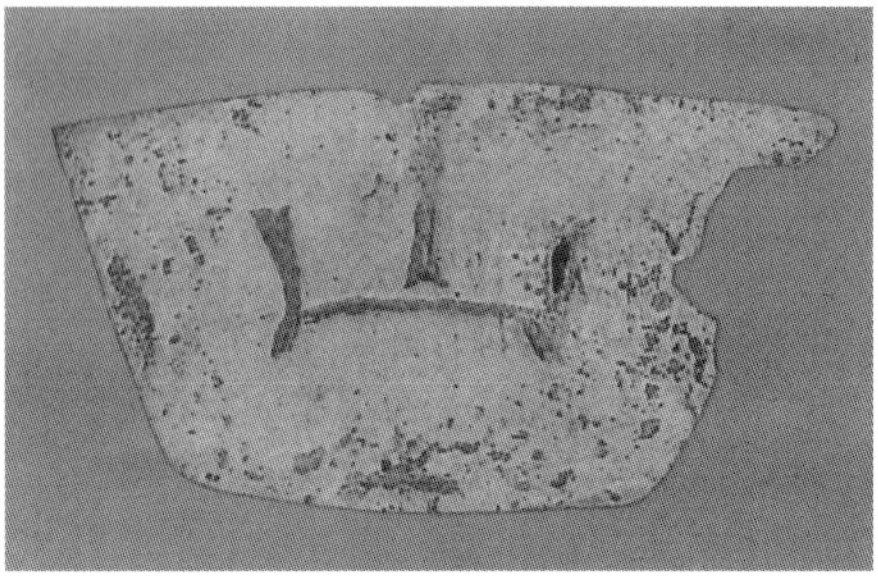

「山」字

最古の漢字使用例として、多くの研究者が認めるのは四・五世紀の金石文《きんせきぶん》である。金石文とは金属や石に刻まれた文で、現在では銅鏡・鉄剣・鉄刀などが指摘されている。

そのうちの二、三をあげるとつぎのようである。銅鏡では和歌山県の隅田《すだ》八幡神社に伝わる鏡の外縁に沿って円形に記された四八文字である。

人物画像鏡（隅田八幡蔵）『図説日本史通覧』より

そこには、「癸未年《きびのとし》」（四四三年か、五〇三年）、「意柴沙加宮《おしさかのみや》」（忍坂宮＝大和か）などの日本的文学の使用が読みとれる。また、埼玉県稲荷山古墳出土の鉄剣には「獲加多支鹵《わかたける》」（大泊瀬幼武尊《おおはつせわかたけるのみこと》＝雄略《ゆうりゃく》大王）の銘文があり、熊本県江田船山《えだふなやま》古墳出土の鉄刀にも同じ銘文があり、前者の鉄剣の「辛亥《しんがい》年」が四七一年と推定されることから、ほぼ史実と一致すると認められている。

このように、漢字の音を借りて日本語を表記する努力が、四・五世紀の金石文に散見されるが、その背後には大陸からの渡来人の寄与が少なからずあったとみられる。

『万葉集』の日本語表記

四・五世紀の漢字を使用した日本語表記は少しずつ変化しつつも、基本的にはその用法は八世紀までは継承されている。その表記用法をもっとも受け継いでいるのは『万葉集』である。

『万葉集』には、約四千五百余の歌が収録されているが、そこには、天皇から豪族階層まで、地域的には東北から九州まで、広範囲にわたった歌が採用され、主要な編纂者とされる大伴家持《やかもち》の度量と人間性が反映されている。

『万葉集』南限の歌

それらの歌の地域的南限は、鹿児島県北部の黒之瀬戸（現・出水郡長島）とされている。その黒之瀬戸を詠んだ歌二首を原文のまま表記すると、つぎのようである。

隼人乃　薩麻乃迫門乎　雲居奈須
　遠毛吾者　今日見鶴鴨

隼人乃　湍門乃磐母　年魚走
　芳野之瀧尓　尚不及家里

新元号は『万葉集』から

歌は二首ともに、五・七・五・七・七音で構成されている。さて、読者はどう訓んだであろうか。

最初の歌は、前書きに「長田王の作る歌一首」とあり、次の歌には「帥大伴卿の、遥かに吉野の離宮を思ひて作る歌一首」とある。長田王は皇親で、近江守・衛門督などを歴任した。この歌は筑紫（九州）に遣わされて、球磨川の河口に近い小島（水島）に渡る時に詠んでいる。したがって、黒之瀬戸を遥かに望んでの感慨であり、実見したわけではない。いっぽう、大宰帥《そつ》（長官）の大伴旅人は、かつて隼人征討に出兵した際を偲んで詠んだ歌とみられる。

二首の大意を記すと（岩波版『日本古典文学大系』）、前者は「隼人のいる国の薩摩の瀬戸を、今日は遥か彼方の雲を見るように、遠く眺めやったことである」（巻三―二四八）。後者は、「隼人の薩摩の湍門の巨岩も、年魚の走る吉野の宮滝の激流の光景には、やっぱり及ばないなあ」（巻六―九六〇）とある。

ここでは、前者は「はるばると国の果てまで来たものだなあ」と、感慨にふけり、後者は「激流と聞いていた黒之瀬戸も、大和の吉野の宮滝には及ばないなあ」と隼人の地をやや見下げた歌調である。

では、この辺で冒頭に掲出した漢字ばかりの原文から、古代人の歌心を復元してみよう。

隼人《はやひと》の薩摩の追門《せと》を雲居《くもい》なす
遠くもわれは今日《けふ》見つるかも

隼人《はやひと》の湍門《せと》の磐《いはほ》も年魚《あゆ》走《はし》る
　吉野の瀧《たき》にはなほ及《し》かずけり

前者が長田王の歌、後者が大伴旅人の歌である。いずれも黒之瀬戸を詠んでいるが、大伴旅人は、かつて隼人の抗戦を鎮めるため、この地に立ち寄った可能性が認められるので、実際に黒之瀬戸を見たと思われる。

しかし、筆者が見た限りでは、吉野の宮滝の流れは、黒之瀬戸の激流ほどではないので、旅人の都への感情的傾きが歌に表れているのでは、と推察している。

薩摩守大伴家持

『万葉集』の編者とされる大伴家持が薩摩守に任命されていたことは、あまり知られていない。『続日本紀』天平宝字八年（七六四）正月の記事に、「従五位上大伴宿禰《すくね》家

大伴家持像（川内駅前）

持為薩摩守」とある。単純な記事で理由などは一切記されず、かえって何らかの背景を感じさせる。

　というのは、つぎの年の二月には「大宰少弐《しょうに》紀朝臣広純《きのあそんひろずみ》左㆓遷薩摩守㆒」の記事があり、一年でつぎの国守が任命され、しかも「左遷」と記されているからである。さらに奇妙に思うのは、位階からして薩摩守には高すぎるもので、それが連年続くことである。中央の名族、位階、国守の任期、いずれも不信を抱かせる記事である。しかも、後者の場合は「左遷」と明記されている。

　大宰少弐は大宰府の次官であり、以前には藤原広嗣《ひろつぐ》がその職にあり、「広嗣の乱」として知られるように、九州各国の兵力を徴集して、中央政府に反乱を企てたことがあった（七四〇）。そのような要職にあった紀広純が、薩摩守に左遷されたのである。

　これらのことを合わせて推察すると、大伴家持の薩摩守任命記事の背景に、筆者は頭をひねってしまう。当時の中央政界の動向が、気になるからである。

この前後の中央政界の動向には、激変が見られる。藤原仲麻呂（押勝《おしかつ》と改名）が、太師（太政大臣）になり政権を牛耳っていたが、称徳（孝謙、重祚《ちょうそ》）女帝と組んだ道鏡がにわかに登場し、押勝と対立し、押勝は反乱し、敗死している。いっぽう道鏡は大臣禅師から太政大臣禅師になり、次いで前代未聞の法王になっている。

このような政変に、大伴家持や紀広純は巻き込まれ、辺境に追いやられたのではないかと思われる。そのあたりの具体的な様相は想像するしかないが、歌人家持は『万葉集』に四七〇首余りの歌を残しながらも、薩摩国で詠んだとみられる歌が一首もなく、ナゾに包まれている。大伴氏は古代の雄族であるが、大伴家持のこの時期の動向には、不可解なことが少なからず見られる。

漢字で日本語を工夫

『万葉集』には、「万葉仮名」が使われている。その「万葉仮名」を説明したある辞典には、つぎのようにある。

古代の日本で、漢字を、字義を捨て、その読みによって表音文字として用いたもの。古代、文字をもたなかった日本語は、中国より伝わった漢字を借りて文字表現を行なったが、その一方法として、日本語の音節に対応させる形でその読みにより漢字を表音的に用いた。万葉集に多用されているため、この呼称が生れた。（以下に例示。省略）八世紀まではもっぱらこの仮名によった。

この「万葉仮名」の説明を詠まれた読者は、一応は納得しても、さきに筆者が掲出した二首の原文と日本語読みを対応した時、違和感を覚えるのではなかろうか。雲居奈須、見鶴鴨、年魚走、芳野之瀧などの語句などは、果して「漢字を字義を捨て、その読みによって表音文字として用いたもの」であろうか。

それよりも、漢字を日本語的に工夫をこらし、巧みに詠んでいることを評価すべきではなかろうか。

さらに筆者が感心するのは、「戯書《ぎしょ》」（ざれ書き）と呼ばれている表現法で、『万葉集』ばかりでなく、地下から出土する「木簡《もっかん》」にも用いられている。たとえば、「山上復有山」を、山の上にまた山あり、で「出《いで》」と訓ませたり、「四」の代りに「二二」、「憎く」の代りに「二八十一」と書き、掛け算の九九を利用したりしている。つぎは、何を訓むだろうか。「恋水」「丸雪」「未通女」などである。順に「なみだ」「あられ」「おとめ」である。

梅花の宴に薩・隅の役人も

新年号「令和」の決定で『万葉集』が書店で売れているという。これを機に日本の古典に親しむ読者がふえることを、筆者は期待している。

ところで、新年号の直接の典拠となった天平二年（七三〇）正月十三日に、大宰府の大伴旅人（家持の父）の邸宅で開かれた梅花の宴に、薩摩・大隅からも役人が招かれ、歌を詠んでいたことをご存知だろうか。

この梅花の宴に出会したのは三二人である。そのうちの一人は「主人」の大伴旅人であるから、招かれたのは三一人であった。うち十人は大宰府の役人である。したがって、外部からは二一人であるが、大宰府周辺の国の役人が多く、薩摩・大隅の役人であった二人は、はるかな遠隔地からの出席である。ちなみに、日向・肥後などからも招かれていない。なぜであろうか。

そこに筆者は、大伴旅人の心底にある配慮を感じる。というのは、十年前に旅人は征隼人持節大将軍に任じられ、副将軍らと共に約一万の兵を率いて、隼人の現地で戦闘を指揮したのであった。苦戦の末に、戦勝に終わったが、旅人は西海道（九州）を統轄する大宰府の長官（帥）として、その後の隼人の実情を知りたかったのではないかと思う。

梅花の宴に招かれたのは、薩摩・大隅ともに目《さかん》の地位にあった人物たちである。現在の県の役職でいえば、部長クラスでもあろうか。知事職にあたる守は、大宰府まで往復だけで二〇日余りかかるので、その間を留守にするのは支障が生ずる可能性がある。その点、目の地位は招きに応じやすいと思ったのであろうか。
さらには、隼人の実情を知るには、最上位の役職の人物より、やや下の役にある人物の方が、具体的な状況を聞くには適しているると判断したのではなかろうか。
二人が詠んだ歌を、ついでに記してみよう。

わが宿の梅の下枝《しづえ》に遊びつつ
鶯鳴くも散らまく惜しみ
（巻五―八三四）

梅の花散り亂《まが》ひたる岡傍《び》には
鶯鳴くも春方設《かたま》けて
（巻五―八三八）

梅の花を愛でる歌を、三十人余りの人が詠むのであるから、平凡な作品であり、二人は出会者の役職からみても下位であったから、目立つことは避けがちであったとみられる。
ただ、作者名の箇所には、前者は「薩摩目　高氏海人《あま》」とあり、後者は「大隅目榎氏鉢麿とある。これらの作者名は本名の一部だけであったり、省略があったりで、

薩摩目の歌碑（薩摩川内市）

実名は推定の域を出ない。また、官位相当から見ても、両国の目は最下位程度の相当するので、史書などに本名が記されることは、ほとんど皆無に近い。

ところが、この梅花の宴の前後に大伴旅人あるいは大宰府の役人たちが二人から聴《ちょう》聞《もん》したとみられる記述と推測されるものが、『続日本紀』天平二年三月の条にある。梅花の宴から二か月後である。

その記事によると、隼人両国では律令制の根幹である班田制がいまだ実施できていないが、その現状について聴聞したようである。しかし、現状は田地不足で、「もし班田制を強行すれば、おそらく喧《けん》訴《そ》が多く起こるであろう」ということであった。

隼人二国の田地や稲作の実態は、大伴旅人自身が現地で実見していたので、ある程度は予測していたが、二人の役人の話はその予測のままであった。

じつは、前年（天平一）に中央政府は班田制について、その班給を全面的に見直して、新しい方法で班給を実施することを計画していた。そしてその新制にもとづいて、隼人二国にも、班田制を実施することについて、大宰府の意向を打診していたとみられる。

その最終判断の段階で、旅人らは隼人二国の役員を聴聞したのであろう、と筆者は推察している。その結果が『続日本紀』の記事のようである。この判断は現状をよく把握したものであったらしく、隼人二国に班田制が実施されるように決まったのは、それから七〇年後の延暦一九年（八〇〇）十二月のことであった。

大伴旅人は、かつて征隼人持節大将軍を務め、隼人征討を指揮したことや、『万葉集』に七〇首余りの歌を残したが、そのうちの「酒を讃《ほ》むる歌十三首」などから、酒ばかり飲んで政務を疎かにしていたなどと、薩摩・大隅の人ばかりでなく、多くの読者に誤解されているところがある。

しかし、筆者は旅人の隼人に対する施政から、隼人の理解者の一人として彼を認めている。その一つが班田制採用の延期を中央政府に言上していることである。

大伴旅人は、天平二年七月には大宰管内を巡行して、政務に励んでいるが、すでに六〇代の後半の年齢であり、炎暑の中の視察は体力的にも激務であったと思われる。その年の十月には大納言に任命され、やがて大宰帥を辞し、帰京している。

そして、翌天平三年（七三一）七月には没している。六七歳と推定されるが、古代人としてはかなりの長命であった。旅人の「酒を讃むる歌」から二首のみ、紹介しておきたい。

酒の名を聖《ひじり》と負《おほ》せし古《いにしえ》の
　大き聖の言《こと》のよろしさ　（巻三ー三四〇）

賢《さか》しみと物いふよりは酒のみて
　酔泣《ゑひなき》するしまさりたるらし　（巻三ー三四一）

『古事記』の日本語

『古事記』は現存最古の歴史書で、和銅五年（七一二）にできている。続いて養老四年（七二〇）には『日本書紀』も撰上されている。この二書の書体を見ると、『日本書紀』は漢文体であり、『古事記』は漢文体の部分もあるが、漢字の音を用いた部分や、日本語的に訓を用いた箇所もあり、そこでは『万葉集』に近い用法になっている。

また、『古事記』では冒頭に序文があり、八世紀の古書では他に例がない、整った形式をとっている。さらに『古事記』の最初の写本は一三七〇年代の真福寺本（名古屋市所在の真言宗寺院）であることから、八世紀の撰上に疑義をもつ研究者もあった。

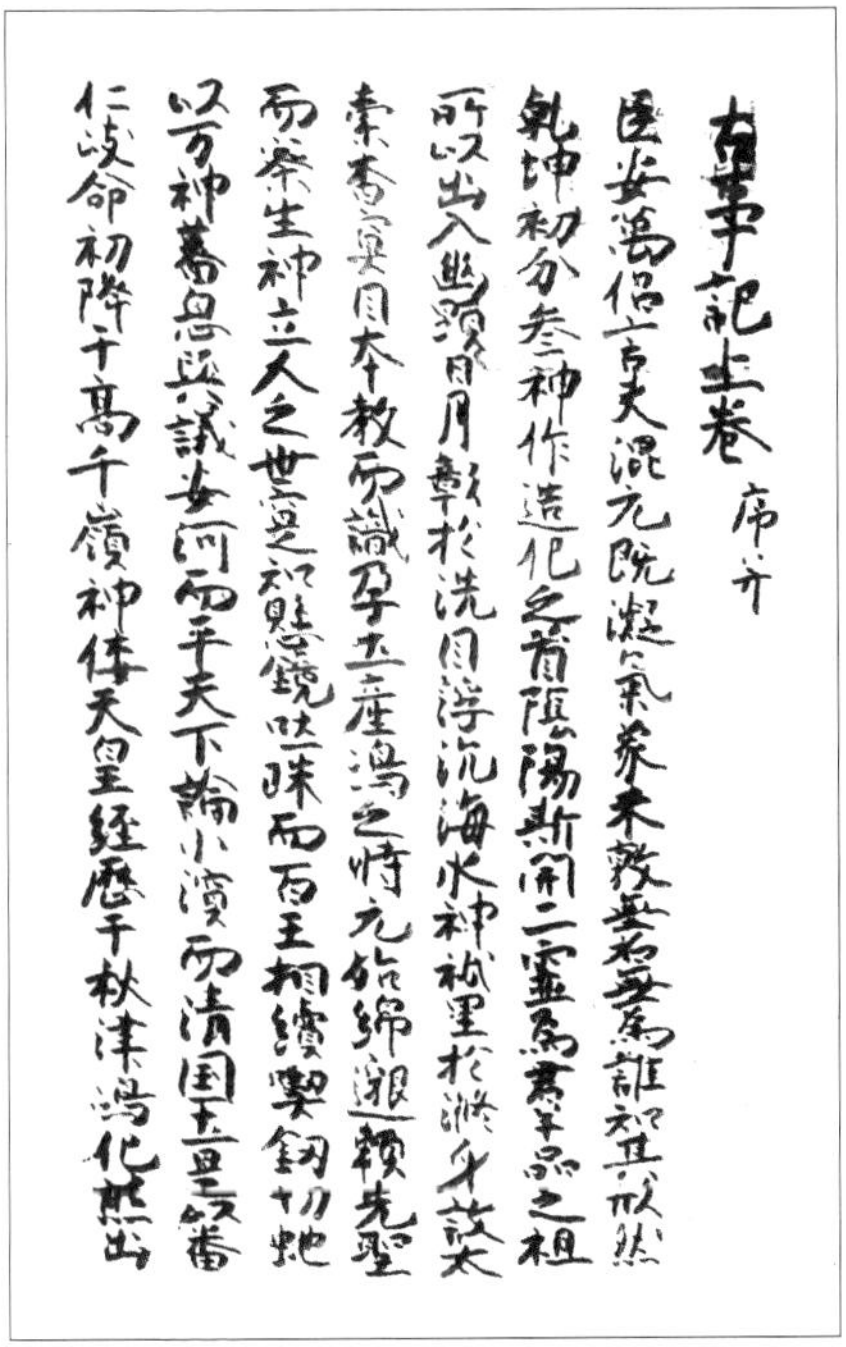
古事記上巻 序并
臣安萬侶言夫混元既凝気象未效無名無為誰知其形然
乾坤初分参神作造化之首陰陽斯開二霊為群品之祖
所以出入幽顕日月彰於洗目浮沈海水神祇呈於滌身故太
素杳冥因本教而識孕土産嶋之時元始綿邈頼先聖
而察生神立人之世寔知懸鏡吐珠而百王相續喫劒切蛇
以万神蕃息與議安河而平天下論小濱而清国土是以番
仁岐命初降于高千嶺神倭天皇経歴于秋津嶋化熊出

「古事記」（真福寺本）

その序文は、地名・神名・人名を別にすれば、ほぼ漢文体で『古事記』撰上までの過程を述べている。天武天皇の御世に、側近（舎人）の稗田阿礼《ひえだのあれ》が誦習していた「帝皇日継・先代旧辞」を太《おほの》朝臣安萬侶《やすまろ》をして撰録して献上するように命じ、元明天皇の和銅五年正月に上・中・下の三巻を録して献上している。

本文に入ると、漢文体に国語的表現が混在している。その一部分を摘記すると、つぎのようである。

①天地初發之時、②於高天原成神名、③天之御中主神（中略）、④次國稚如浮脂而、⑤久羅下那州多陀用幣流之時（下略）

これらの表記の訓《よ》みは

①天地《あめつち》初めて發《ひら》けし時、
②高天《たかま》の原に成《な》れる神の名は、
③天之御中主神《あめのみなかぬしの》
④次に國稚《くにわか》く浮きし脂《あぶら》の如くして
⑤久羅下那州多陀用幣流之《くらげなすただよへるの》時

まさに訓《よ》みの混在であろう。と同時に、古代人が漢字を借りて日本語を表記することに工夫を重ね、苦心しているようすが知られるであろう。その代表者が太安萬侶であった。

安萬侶の墓誌出土

『古事記』の筆者「太安萬侶の墓地発見」のニュースは、当時多くの人びとを驚かせた。筆者は、その日の夜行に乗り、翌日の昼前には奈良に着いた。筆者を待っていた恩師と駅で合流し、現地に急いだ。奈良市の南東、此瀬《このせ》町の山すそ斜面の茶畑が出土地であった。一九七九年（昭和五四）の一月二〇日に発見され、筆者が現地を見学したのは、二日後であったと記憶する。奈良市内とはいえ、辺鄙《へんぴ》な場所であったから、最寄りのバス停からは恩師の知人の軽トラに乗った。小雪の降る中を、筆者はその荷台に乗って発掘現場に急いだ。四〇年前のことで、筆者はまだ若かったので、体力が

「太朝臣安萬侶」墓誌（部分）

あったようである。

現地では、いまだ発掘が続いていた。筆者がこの発掘に異常な関心を抱いたのは、古代あるいはそれ以前の古墳や墓地から、葬られた人物名が明確に判明する例はきわめて少なく、しかもそれが著名人であったからである。

遺骨が納められた木櫃《もくひつ》は腐っていたが、その底部から銅板（長さ二九センチ、幅六センチ）が発見され、「太朝臣《おおのあそん》安萬侶」の氏名のほか、住所・死亡年月日・官位などがはっきり読み取れたのである。

現存最古の歴史書『古事記』の筆録者は、千三百年ぶりにここに再出現したのであった。

三章　元号と天皇の変遷

最初の元号　大化

「年号が変わる」体験、それも現存者で二度体験したという人がかなり多い。しかし、「昭和」は一代が長かったので、一度も改元を体験しなかった人がいたはずである。そのどちらにしても、元号の歴史からすると珍しいといえそうである。というのは、日本に元号が使われてから一、三七〇年余りになるが、その間に元号は二四七を数えている。したがって、一つの元号の存続は平均して五〜六年である。とすると、

中大兄皇子らが進めようとした政治の方針《ほうしん》

一　これまでの天皇や豪族が所有していた土地や民は，すべて国家のものとする。
一　都や地方の区画（国・郡）を定め，都から地方に役人を派遣《はけん》して治めさせる。
一　戸籍《こせき》をつくり，人々に田をわりあてて耕作させる。
一　布などを納める税の制度を統一する。

現行の小学社会
（６年上、文教出版）

生涯に改元を何度も体験したとしても、特例とはいえないであろう。

『日本書紀』によると、皇極天皇四年（六四五）六月に、「四年を改めて、大化元年とす」の記事が、ごく簡潔に記述されて最初の元号が始まっている。「何故、元号を採用することになったのか」、と疑問を感じるが、その理由については何も記されていない。

それでも、それまでの記述からある程度の推察はできる。この年の六月は事件が相次いでいた。まず、六月十二日に中大兄《なかのおおえ》皇子・中臣鎌足《なかとみのかまたり》らが蘇我入鹿《そがのいるか》を暗殺し、翌十三日には入鹿の父蝦夷《えみし》が自殺している（乙巳《いっし》の変）。

ついで、六月十四日には軽《かる》皇子が孝徳天皇として即位、中大兄皇子を皇太子としている。さらに、初めて左大臣・右大臣・内臣などの新政のメンバーを任命し、六月十九日に初めての年号を立てたのであった。また、翌年正月元日には、「改新の詔《みことのり》」

を発して、公地公民などの四か条を宣している。

このような一連の動きを見ると、「大化」とした新元号の背景が、読みとれそうでもある。

二番目の元号　白雉

「大化」の元号は五年後には「白雉《はくち》」と改められている。ところがその五年後（六五五）には元号は中断して「斉明《さいめい》天皇元年」になっている。さらに三六年後（六八六）には、元号が復活して「朱鳥元年」となるが、この年号は天武《てんむ》天皇が死没したことで、翌年は「持統元年」になり、以後は「大宝元年」（七〇一）まで元号は中断している。

なお、「朱鳥」は「シュチョウ」と一般的に読まれているが、『日本書紀』には「阿《あ》訶美苔利《かみとり》」と訓むように註がつけられている。

「白雉」「朱鳥」などは、「白い（あるいは赤色）きぎす」すなわち白色のきじなどの意であり、珍しい色の鳥が出現して、祥瑞《しょうずい》（めでたい前兆）とされたことが改元の理由とされているが、天武天皇の死没などの不幸によって中断されたのではないかと見られ、以後「大宝《たいほう》元年」（七〇一）まで、元号はなかったが、大宝以後は現在まで存続している。

元号は中国発祥

元号はもともと中国が発祥地であり、その最初は漢の武帝《ぶてい》の「建元《けんげん》」とされており、紀元前一四〇年ごろとされているが、この元号には疑問があり、実際に元号が使われたのは、紀元前一〇四年ごろの「太初《たいしょ》」であろうといわれている。

元号は中国の領域に使用され、周辺諸地域にもおよんだので、中国皇帝の権威を誇示することにもなり、朝鮮半島ではしばしば中国と同じ元号が使用された。

そのような元号を倭国（日本）が独自に定めたことは、倭国の独立性を示したことになる。しかし、倭国の元号が断続的であったことは、七世紀後半の時期の不安定な状況を示すことにもなり、七世紀末から八世紀初めにかけて、大王が「天皇」、倭国が「日本」を称するようになり、元号が継続して使用されるようになって、ようやく独立を明確化したことになる。

その元号も、いまでは唯一日本だけに存続しており、国家の独立とは別の意味をもつようになっている。

元号が、今となっては二七四を数えているが、この元号名と順序をすべて覚えている人がいた。筆者が教わった日本史の先生たちは、その名称だけでなく、その元号が「いつ」だと、ほぼ正確に覚えているので驚きであった。筆者も職業柄、元号を聞けばおよその時期は判断できるが、正確に年代は答えられない。

ところが、昔の国史（日本史）の先生は、元号名ばかりでなく、天皇名も順番に一二四代神武から昭和までを覚えていた。それもどの時期の在位であったことまでご存知であったから、神業《かみわざ》のようであった。

現代人の常識不通

現代日本で生活している人は、大正・昭和・平成のいずれかの元号の年代に生まれている。もし、明治生まれの人が現存しているとすると、一〇八歳以上になるから、その可能性は少数であろうか。

いずれにしても。現在では天皇名と元号名は一致しているから、明治天皇・大正天皇・昭和天皇それぞれの時代は、元号名も同じであった。

しかし、それ以前はどうであろうか。明治の前の元号は慶応であるが、慶応天皇の名は聞いたことがないはずである。じつは、明治天皇の前は孝明《こうめい》天皇であった。ということは、明治天皇より前は、天皇名と元号名は一致していなかったのである。

それればかりでなく、孝明天皇の代には元号が弘化・嘉永・安政・万延・文久・元治・慶応と七元号も移っている。それも二一年間のことであった。また、明治以前には天皇名と元号名が一致することは原則としてなかったので、明治以後は日本史上例外であった。そのような時代にわれわれは生存しているので、天皇名と元号名は一致するという常識を共有しているが、じつは歴史的には常識ではなかったのである。

明治元年（一八六八）九月に「改元の詔《みことのり》」が出されている。その詔によると、天皇一代の間には一つの元号を用いて改めないことが定められている。これを「一世一元《いっせいいちげん》」といい、中国では明《みん》代より一世一元としていた。したがって、日本でも明治以後は一世一元としたが、明治以前では祥瑞《しょうずい》や災害、さらには干支《かんし》のめぐり、代始《だいはじめ》などを契機として改元が行なわれたので、一代で数回、多いときは八回も改元している（後醍醐《ごだいご》天皇・後花園《ごはなぞの》天皇の代など）。したがって、元号によっ

戦前の小学校国史教科書（第1ページ）

御歴代表

御代数	天皇	御在位年間
一	神武《じんむ》天皇	元—七六
二	綏靖《すゐぜい》天皇	八〇—一一二
三	安寧《あんねい》天皇	一一三—一五〇
四	懿徳《いとく》天皇	一五一—一八四
五	孝昭《かうせう》天皇	一八六—二六八
六	孝安《かうあん》天皇	二六九—三七〇
七	孝靈《かうれい》天皇	三七一—四四六
八	孝元《かうげん》天皇	四四七—五〇三
九	開化《かいくわ》天皇	五〇三—五六三
一〇	崇神《すじん》天皇	五六四—六三一
一一	垂仁《すゐにん》天皇	六三二—七三〇
一二	景行《けいかう》天皇	七三一—七九〇
一三	成務《せいむ》天皇	七九一—八五〇
一四	仲哀《ちゆうあい》天皇	八五二—八六〇
一五	應神《おうじん》天皇	八六〇—九七〇
一六	仁徳《にんとく》天皇	九七三—一〇五九
一七	履中《りちゆう》天皇	一〇六〇—一〇六五
一八	反正《はんしやう》天皇	一〇六六—一〇七〇
一九	允恭《いんぎよう》天皇	一〇七二—一一一三
二〇	安康《あんかう》天皇	一一一三—一一一六
二一	雄略《ゆうりやく》天皇	一一一六—一一三九
二二	清寧《せいねい》天皇	一一三九—一一四四
二三	顯宗《けんそう》天皇	一一四五—一一四七
二四	仁賢《にんけん》天皇	一一四八—一一五八
二五	武烈《ぶれつ》天皇	一一五八—一一六六
二六	繼體《けいたい》天皇	一一六七—一一九一
二七	安閑《あんかん》天皇	一一九一—一一九五

御歴代表　一

（文部省発行）

て事件の起こった年などを覚えようとすると、かなり困難で煩雑なことであったと想像される。その点では、現在のように西暦を併用すると、かなり単純で便利である。

といっても、西暦も万能ではない。西暦はキリストの生年を起点としているので、キリスト教徒の多い国ではあまり問題ではないが、そうでない国や地域では異義を感じるはずである。

日本も仏教・神道の信徒が多いので西暦に違和感を覚える人もいると思われるが、ただ国際的に便利という点で、それに代わる年代の数え方もないので、用いているのであろう。

二〇〇年ぶりの上皇

二〇一九年四月三〇日をもって、天皇は退位し、二〇〇年ぶりに上皇《じょうこう》の出現、などとニュースは報じていた。

上皇とは太上天皇《だいじょう》の略称で、天皇譲位後の称号である。太上天皇の始まりは六九七年に持統天皇が称したことに由来するが、最近はその例がなく、忘れられていた。ところが、今回は上皇が二〇〇年ぶりに復活したのである。

しかし、それは事実であろうか。その歴史を少し遡《さかのぼ》ってみよう。ほぼ二〇〇年前は光格《こうかく》天皇であり、在位は一七七九年から一八一七年で仁孝《にんこう》天皇に譲位している。ところが、もともと傍系から皇統を継承したことから、太上天皇の尊号をめぐって、江戸幕府に反対され、一八八四年（明治十七）になって、ようやく決着をみている。

それでも譲位したことは確かであるから、「譲位」とすれば、二百年ぶりといえそうである。

この一件を見ても、上皇の地位は単に「前代の天皇」という意味ではとどまらないようである。「太上天皇」の名称からして、天皇の地位の上格の意を含んでいるようである。そう考えないと、平安時代の末期以降の「院政」という、約二五〇年にわたる政治形態の存在が説明しにくいものになろう。

したがって、院政を行なう上皇を「治天《ちてん》の君《きみ》」とも呼んでいる。上皇が権力をもつと、上皇の地位をめぐっても政争が起こりがちであった。平安時代以降、幼少の天皇が即位し、いまだ成人しないまま譲位するようになると、太上天皇が複数存在するようにもなり、それが紛争の一因になることもあった。その背景には南北二朝が併存することも関わっていた。

律令（養老令）には、以前に述べたことがあるように公文書の記載に際しての規定が記されている。たとえば、公文書には真書《しんじょ》（楷書《かいしょ》）を用いることや正確な数字が不可欠の場合は大字《だいじ》（壱・弐・参など）用いることなどであるが、年月を記す場合は年号（元号）を用いることも定められていた。それまでは、甲子《こうし》・乙丑《おっちゅう》などのように干《かん》支《し》が主であったから、元号を明記するように統一されたのである。

天皇の代数は異動

神武天皇を第一代とする天皇の代数を、以前はよく覚えている先輩がいて、筆者は感心したのもであった。ところが、大学で日本史を専攻するようになってから、神武天皇以下十代あるいは十数代の天皇の実在は不確実との講義を聞かされるようになって、天皇の代数に不信を抱くようになった。

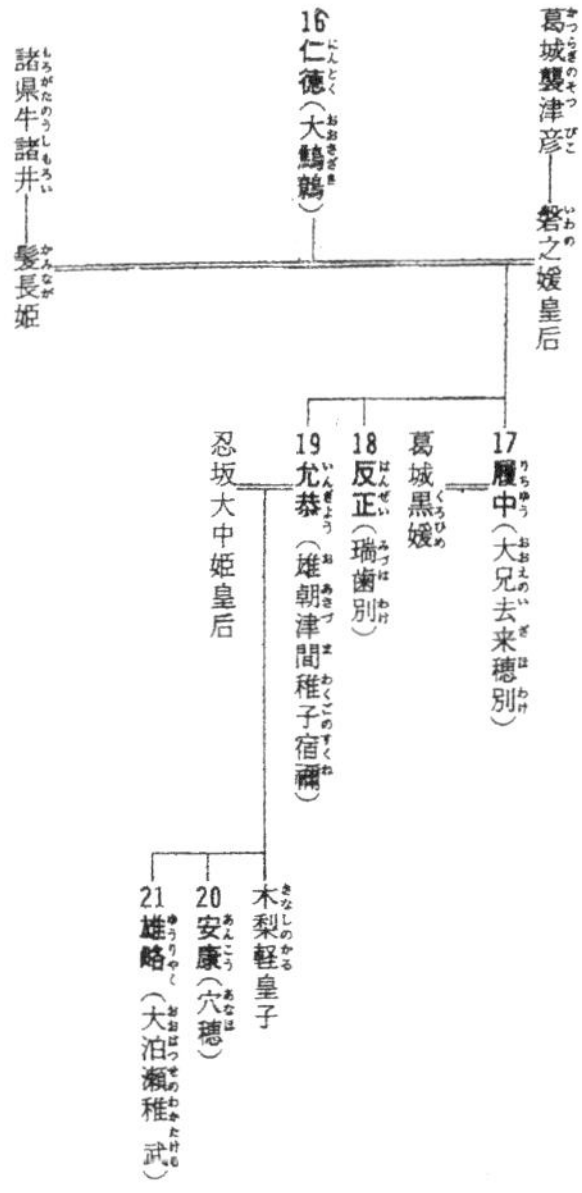

それでも応神天皇以下はほぼ実在が認められるとのことであった。ところが、それ以後の天皇についても代数に入れるかどうか、疑問があるとのことで、「何代目」と数えることには少なからず問題があ

りそうである。

たとえば、六七二年の壬申《じんしん》の乱で大海人《おおあま》皇子に敗れた大友皇子が皇位についたかどうかには疑問があったが、一八七〇年（明治三）になって、皇位が認められ弘文《こうぶん》天皇の諡名《おくりな》で歴代天皇に加えられている。

また、南北朝時代の北朝の天皇を代数に加えるかどうかで論争があったが、一九一一年（明治四四）になって南朝を正統とし、北朝の天皇は歴代外として、論争は結着している。

このように、明治以後になっても天皇の即位を認めるかどうかで異動があったが、一九二六年（大正十五）になって、南北朝時代の長慶《ちょうけい》天皇（南朝の後村上天皇の皇子）の即位を認めて、ようやく歴代の代数は一応は定まっている。しかし、この代数については、現在も異論がある。

女帝と兄弟継承

日本古代にはかなりの女帝がいた。最初の女帝は推古《すいこ》天皇である。三十代とされる敏達《びだつ》天皇の皇后であった。敏達天皇のあと、用明《ようめい》・崇峻《すしゅん》と二代が継いだが、そのあと推されて最初の女帝となった。五九二年のことであった。父は欽明天皇で敏達天皇とは異母兄妹、用明・崇峻両天皇とも異母の関係にあったから血統的には、その資格を十分に備えていた。

なお、この節に名をあげた天皇はすべて蘇我稲日《いなめ》を祖父としており、蘇我氏の権力が天皇の背景に存在していることが明らかである。また、同母・異母など兄弟で皇位を継承する慣例が存在したことが明らかであり、そのような慣例のなかから最初の女帝が出現したことは注目してよいであろう。

以後、女帝が七〜八世紀を通じて皇極《こうぎょく》・斉明《さいめい》・持統・元明《げんめい》・元正・孝謙《こうけん》・称徳《しょうとく》と八代に渡って続出するが、その中には二代皇位につく重祚《ちょうそ》が二例（皇極・斉明、孝謙・称徳）あるので、実際は六人で八代ということになる。なお、日本史上、重祚はこの二例だけでいずれも女帝である。

また、女帝は前歴として皇后あるいはそれに準ずる地位にあった人物であるが、孝謙女帝のみは、聖武天皇の第一皇女として誕生、母は光明皇后であったことなどから、女性としては史上はじめての皇太子（七三八年）になっていた。


ところで、現代人の常識では皇位は父から子へ継承される、と思っている人が多いのではないだろうか。しかし、古代では兄から弟へと継承される場合がかなりある。それでも弟が存在しなければ、父から子へと世代が移っていくことになる。

兄弟継承の例をいくつかあげてみよう。十七代とされる履中《りちゅう》天皇を継いだのは、弟の反正《はんぜい》天皇であり、さらに継いだのはやはり弟の允恭《いんぎょう》天皇であった。これは五世紀の例であるが、同じ五世紀には兄の安康《あんこう》天皇から弟の雄略《ゆうりゃく》天皇に継承されている。

また、六世紀には先に述べた敏達・用明・崇峻三天皇の例がある。

となると、七世紀の壬申《じんしん》の乱（六七二年）を考える際の参考にもなるようである。

壬申の乱は、天智《てんじ》天皇が子の大友皇子を次代の天皇にしようとしたのであったが、天智天皇の弟である大海人《おおあま》皇子が皇位をめぐって争った内乱であった。その結果、大海人皇子が勝利して天武《てんむ》天皇となった。

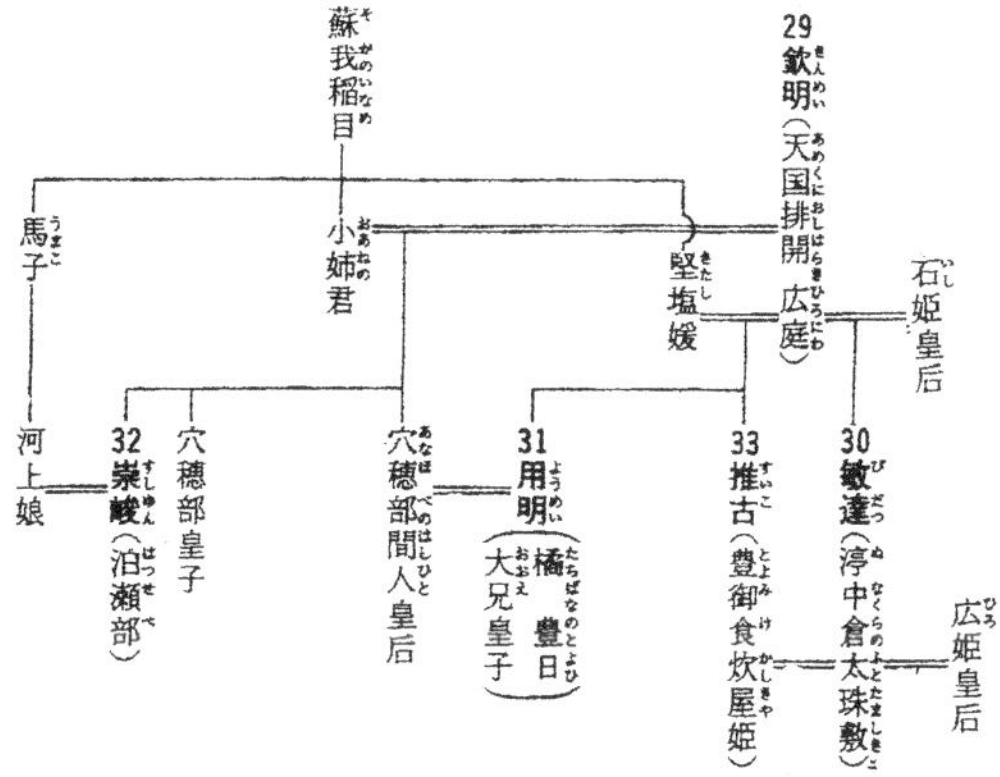

この壬申の乱についての評価は、現代の父子による皇位継承の常識を、古代の兄弟による皇位継承の実例によって、その立場に相違が出てきそうである。この壬申の乱の評価には、その後の天武天皇の治政にもかかわり、簡単には説明できない側面もあるが、読者はどう考えるであろうか。

天皇名についての質問をときに受けることがある。しかし、それに答えるのは容易ではない。たとえば、初代の神武天皇の名はだれがつけたのか、神武天皇の当初の名は『古事記』に

「神倭伊波禮毘古命《かむやまといはれびこのみこと》」と記されているというが、これは太安万侶《おおのやすまろ》の命名か、などである。しかし、『古事記』には、このほかにも神武天皇の名が二種あり、稗田阿礼《いえだのあれ》が記憶していたものだろうか、程度しか答えようがない。

ただわかっているのは、奈良時代に淡海三船《おうみのみふね》が神武天皇以下の謚名《おくりな》を奉ったということである。謚名は死後の名であり、生前の諱名《いみな》とは、また別であり、さきのカムヤマトイハレビコは、おそらくは諱名に近いものであろう。

ちなみに、掲載の図版にある天皇名の下の（ ）内の大部分は諱名である。

つぎに、天皇の血統は父親が重視されていたことが律令の規定（「後宮職員令」）などから読みとれる。というのは、天皇の配偶者は皇后以下十人が妃《ひ》・夫人《ぶにん》・嬪《ひん》などの名称で認められており、その所生子から次代の天皇が選ばれていたようである。

天皇の代行　摂政

平安時代に藤原良房《よしふさ》が清和《せいわ》天皇の摂政《せっしょう》となり、政務を代行して以後、一族がその職を独占したことはよく知られている。すなわち、天皇が幼少あるいは病気などの時、代って政務を代行処理する役を摂政という。

最初は臨時的な職掌であったが、十世紀半ばの安和《あんな》の変以後は藤原北家を摂関家というように、北家が独占し、十一世紀になると道長・頼通《よりみち》によって全盛期を迎えた。

大正天皇

その後は、院政や武家社会の台頭で衰退したが、形式的には江戸幕府の末期まで存続していた。ところが、二十世紀になって、大正天皇の時代に摂政は復活したのであった。その経緯について、少し述べてみたい。

大正天皇と摂政

大正天皇は一九一二年七月に皇位につき、一九二六年十二月に四七歳で没したが、その間の二一年十一月には皇太子の裕仁《ひろひと》親王（のちの昭和天皇）が摂政となり、大正天皇の代行者として務められた。

大正天皇が病弱であったことは一般的に知られているが、その病状については事実以上に語られているようである。事が宮中であり、直接診察に当たった医師たちには箝口令《かんこうれい》が敷かれていたようであるから、病状を詳しく知ることはできないので、国民の興味は噂が噂を呼んだのではなかろうかと、筆者は思っている。

しかし、摂政を務めた裕仁親王が満二十歳になってから、その役の当たったことや、大正天皇の崩御が四七歳であったことを考えると、晩年を除いては発作的症状や、一時的重篤病状は否定できないであろうが、長年にわたり病弱状況が続いていたことは認められるようである。

大正天皇の治政期は日本近代史のなかでも大きな変革期であった。明治以後、日本の工業は躍進したが、第一次世界大戦によって海運業・造船業は世界第三位にまで発展し、鉄鋼業は八幡製鉄所の拡張や、化学工業が勃興した。

その結果、工業生産額は農業生産額を追いこし、工場労働者が急速に増加し、それにともなって労働者の処遇をめぐって、各所でストライキが頻発した。その風潮の民衆的かつ大規模なものが米騒動であった。

米価の急騰《きゅうとう》

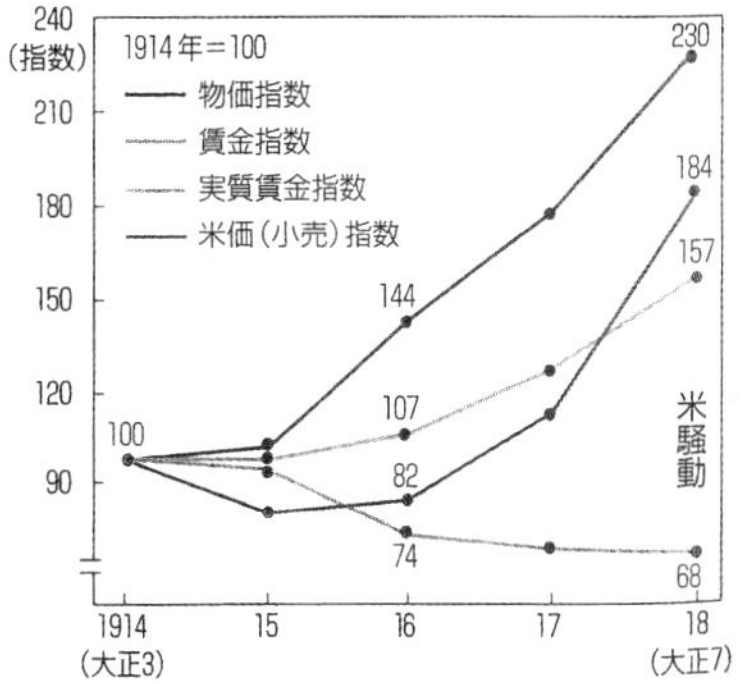

『図説日本史』（東京書籍刊）

第一次世界大戦による急激な経済の発展は工業労働者の増加と人口の都市集中によって米の消費量を増大させ、加えてシベリア出兵を当て込んだ米の投機的買い占めの横行で、米価が急騰した。それに耐えかねた富山県での騒動をきっかけに一九一八年（大正七）七月以降、全国に騒動が拡大し、大都市をはじめ三八市・七〇万人が参加し、軍隊・警察が出動して、ようやく鎮圧したのであった。

しかし、軍部出身の寺内正毅《まさたけ》内閣は総辞職し、平民宰相として期待された原敬《たけし》内閣も国民の期待に応じきれず、一九二一年十一月には一青年により東京駅で暗殺されるなど、政治も混乱を極めた。

このような社会の激動と政治の困乱が、大正天皇が摂政を必要とした要因でもあった、と筆者は見ている。

四章　島津氏の危機と義久

弟義弘の人気上昇

島津氏十七代、義弘の人気は以前から目立っていたが、二〇一九年は死後四〇〇年ということで、地元鹿児島県ではその余波が翌年まで続き、各地で行事が続いている。県立の博物館「黎明館」はいうまでもなく、各地の施設ではいつもは考古資料の展示を主とする所まで、義弘一辺倒である。

妙円寺参りで徳重神社（日置市伊集院）への参道は、幼稚園の園児から高校生の団体、さらには地域ごとのグループ、家族連れなどで毎年埋めつくされる。その人気に加えて、「四〇〇年祭」となれば、さらに人気上昇である。

義弘の戦績は、岩剣城《いわつるぎ》・関ケ原・朝鮮出兵などで語り伝えられているが、関ケ原では石田三成の西軍につき、敗北するも「敵中突破」を強行し、多くの犠牲をはらいながらも、国元へ帰りついたことが賞讃されるなど、県民の「義弘贔屓《ひいき》」には勝敗を越えるものがある。

ある民俗研究者は、県内でその由来がわからない民俗行事は、義弘にその起源があるかのように語られるが、その真偽は不明のものがほとんどで、それらも「義弘贔屓」の一端である、と語っている。

さらには、義弘を祭る神社がさきの徳重神社にとどまらず、始良市加治木町に精矛《くわしほこ》神社があり、二社もある。島津氏歴代では忠良《ただよし》（日新《じっしん》）が南さつま市加世田の武田神社、その子の貴久《たかひさ》が鹿児島市の松原神社、幕末の斉彬《なりあきら》が同市の輝国神社などの例があるが、歴代29人のうちのわずかな人物たちであり、二社にわたって祭られるのは義弘だけである。それに比べると、次節の義弘の兄義久《よしひさ》は祭られることもなく、県民には人気がないようである。

義弘の兄義久の深慮

島津氏十六代の義久の業績を評価する人は少ないか、皆無のように思われる。しかし、筆者はこの人物は只者《ただもの》ではないと見ている。端的に云えば深慮遠謀の人物であろう。

まずは、秀吉との戦いで敗北を見ると、頭を剃り、降伏している。何故に最後まで戦わなかったか。何故に切腹もせず、虜囚《りょしゅう》の恥辱をさらしてまで生き延びたのであろうか。

義久には弟の義弘のような派手な動きがほとんど見られない。派手なことはすべて弟に任せて、ひたすら島津一族の勢力温存をはかり、そのためには如何なる恥辱にも耐え忍んだように思われる。

その義久の意を汲んだのか、秀吉は島津領をほぼ安堵《あんど》し、薩隅日の旧領を存続させている。それに応《こた》えるように義久は鹿児島を去り、鹿児島湾奥の地に小規模な居城、富隈《とみくま》城を築き隠居した観がある。

そして鹿児島には、弟の義弘とその子忠恒《ただつね》を配している。島津十七代と十八代である。忠恒はのち、徳川家康の「家」の字を拝し、家久と改名し、幕府との関係も安定化に向い、初代の薩摩藩主におさまり鶴丸城を築いている。

義久の富隈城跡
富隈城の一角（同城『調査報告書』より）

いっぽう、貴久、義久の旧城（内城《うちじょう》）の跡地は大龍寺となり、そこには臨済宗の僧、南浦文之《なんぽぶんし》が配されている。この文之と義久の関係は一筋縄では語れないものがある、と筆者は見ている。それについては後述することにして、まずは義久の動向から見てみたい。

義久が鹿児島を離れ、居城とした富隈の地は要地の条件を備えていた。そこに目をつけた義久には、「さすが」と云わせるものがある。「富隈」の地名は、いつ誰が名づけたか調べたことはないが、隅っこではあるが、「富む」所で、大隅に在りながら薩摩もよく見える所である。また、目の前は浜之市の港である。筆者はその浜之市から船に乗って海上に出た経験があるので、少し横道にそれた話をしてみたい。

神造三島の踏査

もう十数年も前のことである。そのときの関心は八世紀の桜島噴火記述を『続日本紀』で読んで、その一節に次のような記事があり、気になっていたからであった。そこには、天平宝字八年（七六四）十二月の桜島の噴火のときと、その後に、

於麑嶋信尓村之海　沙石自聚　化成三嶋　炎気露見（下略）

大隅国神造新嶋　震動不息、以故民多流亡（下略）

神造三島

この記事によると、噴火によって桜島近くの信尓《しに》村の海に砂・石が集まり三つの島ができた。その島を「神造新嶋」と呼び、震動が今になっても息《や》まない。そのせいで人民が多く流亡している、というのである。

この記事では、化成した島を神造島と名づけているが、現在も国土交通省（旧建設省）・国土地理院が製作発行している地形図では、浜之市港沖の三島を「神造島」としている。この事実を知って、筆者は機会を見てこの三島を実地に踏査してみたいと思っていた。

その機会が偶然にめぐって来たのである。この島を所有していた城山観光が筆者に相談をもちかけて来たことから、そのチャンスが到来したのであった。城山観光は筆者がこの三島の記事について書いているのを、何かで読んだようで、筆者にもっと詳しく話を聞きたい、また現地に渡ることも世話するというのである。

じつは、城山観光は三島のうちの沖小島《おきこじま》に養魚場を造っており、毎朝その島に従業員を送り出すために浜之市から船を出し、夕刻には迎えの船を出しているが、さらに三島を巡る観光を計画しているというのである。そこで、その計画に筆者に協力して欲しいとのことである。

それで筆者は、養魚場送迎船に乗って、一日にわたって三島を踏査することになり、沖合から浜之市ばかりでなく、富隈の地、さらには高千穂峯をはじめとする霧島山系を海上から観察したのであった。さらに、その後に船は筆者のために、わざわざ湾奥部を一周するようにひと巡りして下さった。

晴天でほとんど無風状態のもとで、東の大隅半島、西の薩摩半島、そして南に開聞岳を遠望し、その南の南海世界の広がりを想像しつつ、三島の北に位置する辺田《へた》小島に船を着けてもらったのであった。以後の半日は筆者一人の孤島生活で、干潮の間に南側に隣接する弁天島にも渡り、島を一周して早目に辺田小島に戻った。

夕刻までは沖小島への迎えの船は来ないので、北の対岸の浜之市港と富隈城跡、小《お》浜《ばま》干拓地や大穴持《おおあなもち》神社の位置などを確認したり、東の若尊鼻《わかみこのはな》や背後の福山町、さらには福山港が日向諸県《もろかた》・都城などの物資積出港で栄えた時代があったことなどを夢想しつつ過ごした。

筆者の三島踏査は、その後の城山観光の計画変更から、会社の当初の目的は実現しなかったが、筆者にとっては、島津義久の富隈城築造がその土地を深慮した造営であったことに敬服し、築城が浜之市港とセットになっていたことに体験的に気付かされた。

南浦文之をめぐって

南浦文之《なんぽぶんし》という臨済宗の僧侶と島津義久とは、一見してほとんど接点は見出しにくいと思われる。ところが、両者のそれぞれの周辺を掘り下げると、その接点が少しずつ浮上してくる。そこで、文之の伝記などを探して、その人物像にせまってみたい。

『三国名勝図会』は天保十四年（一八四三）の刊行であるが、そのなかの瑞雲山《ずいうんざん》大龍寺の「文之和尚伝」によると、名は文之玄昌《げんしょう》で字《あざな》あるいは号が南浦で日向外浦で弘治元年（一五五五）に誕生している。この誕生地の立地か地名に因って南浦と号した

島津四子誕生地
亀丸城（伊作城本丸）

島津氏歴代

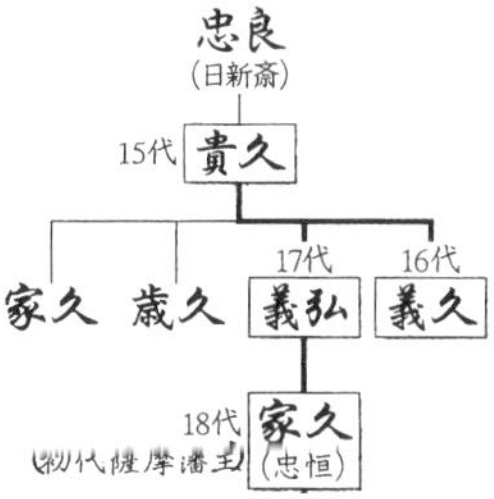

ようである。父は河内国の人で乱を避けてこの地に来て、里の女性を娶《めと》り、文之が六歳の頃その異才を知り、日州の延命寺の天澤和尚に託し、河内に帰ったと記している。

　以後、文之はその才能を各地で磨き、ついには貫明公（義久）に招かれ、その側に就き、国分正興寺、加治木安国寺などで学問を教説するなどに尽している。ここに義久との接点が認められる。

　また、後には松齢公（義弘）や慈眼公（義弘の子家久）に就いている。その間に、桂庵玄樹《けいあんげんじゅ》の漢文訓点を改良して文之点を創始、『南浦文集』を著すなど、学問的業績も高く評価されている。

　このように、文之は義久・義弘・家久三代に

道隆寺（肝付町）跡

わたり、政治顧問のように側近に就いているが、中世〜近世初頭においては、僧侶とりわけ臨済宗の僧侶が外交・政治の顧問などになることは珍しいことではない。文之と同時代にも徳川家康には臨済宗の以心崇伝《いしんすうでん》（金地院《こんちいん》崇伝とも）が側近にいて、外交文書をつかさどり、武家諸法度などの制定に関与して「黒衣《こくい》の宰相」とも呼ばれていた。

臨済宗の僧侶は漢語にも通じ、いっぽう中国から来日する僧も少なからずおり、鎌倉五山第一位の建長寺は渡来僧蘭渓道隆《らんけいどうりゅう》、第二位の円覚寺は同じく無学祖元《むがくそげん》がそれぞれ開山であった。

ちなみに、鹿児島の肝付町にも蘭渓道隆ゆかりの道隆寺が江戸時代まであり、その寺跡が最近までに発掘され、多数の石塔などが残存している。道隆寺は地域の豪族肝付（肝属）氏の高山《こうやま》城跡にも近く、かつては肝付氏の氏寺《うじでら》的存在であったともみられている。

臨済宗最高位の寺院の開山という渡来僧が南九州の寺院に関わっていたのは何故か。また、肝付氏という南九州有数の雄族とどのような関係があったのか。いまだ十分には解明されていない歴史の一面が残されているように思われる。

大龍小学校の遺跡

鹿児島市の旧上町《かんまち》には、この地域の歴史を秘めた場所に建てられた大龍小学校があり、多くの人材を育てた小学区として知られている。なかでも二〇一四年にノーベル物理学賞を授与さらた赤崎勇先生の出身校であったことで、いっそうその名が知れわたった。青色LEDの発明者である。筆者は昔この小学校区に住んでいたことがある。

その頃の思い出があり、いまでも自宅近くを通っていた一年生と珍問答をして、恥をかいたのを、ふと思い出す。それは、入学して間もない新一年生が、数人で通りながら学校で習った校歌らしい歌を、プリントを見ながら合唱していたのである。

その歌の文句の一節が「ダイチュウ……」と聞こえるので、筆者が傍を歩きながら「ダイリュウ……」だろうというと、その数人が口を揃えて「違います」という。そこで筆者がプリントを見せてもらうと、カナ書きで確かに「ダイチュウ……」である。そして、そのあとの文句もすべてカナ書きであり、文意がよくわからないので、「むずかしいね」といって、その場を離れて、急ぎ足で別れたことがあった。そのことがあって数年後、ようやくその歌詞を見て、その文章の一部をようやく納得したが、歌詞全体を理解するようになったのは、二十歳頃だった。それからいまに到るまで、その歌詞は小学校低学年にはむずかしいと思い続けている。その歌詞はつぎのようである。

大中龍伯《だいちゅうりゅうはく》　名において
学僧文之《ぶんし》の　あとしたし
晴るる磯崎　島ふよう
匂う朝日の　かげとうと

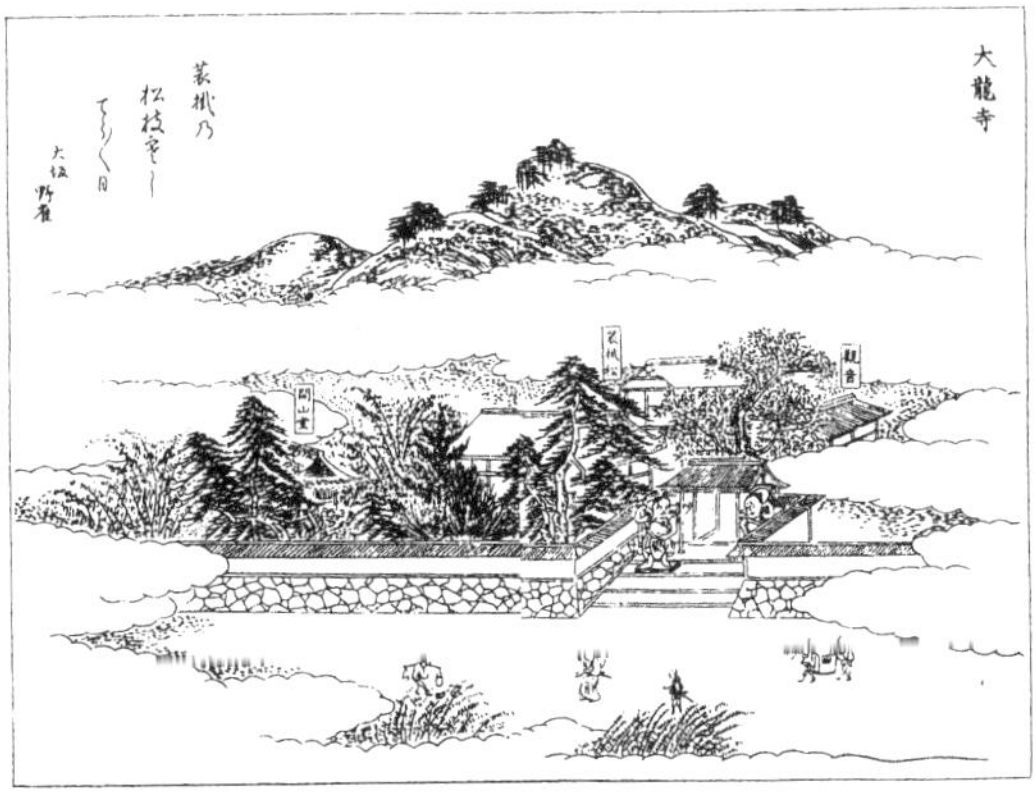

大龍寺絵図
（『三国名勝図会』より）

正しき心　あふるる力
みがきたたえて　学べよ業《わざ》を
（二番は略す）

少し解釈を加えると、大中公（貴久《たかひさ》）・龍伯公（義久）が城を構えた内城《うちじょう》の跡地に、文之和尚が大龍寺の初代住職となり、学僧であった文之の跡をしたい、いま私たちはその跡地の大龍小学校で学んでいます（以下省略）。

島津氏の歴史のなかでも、それまで分裂していた領域を一つにまとめて、江戸時代への基盤を築いた貴久・義久の二人について、学僧として名高い南浦文之の三傑人の

大龍小門傍の文之の碑

跡地が、いまの大龍小学校の場所であることをいつも確かめつつ、子どもたちは学び、身体を鍛えているのである。その小学校を尋ねてみた。

『三国名勝図会』には大龍寺の絵図が載っているが、その門のあたりはいまの校門の位置とほぼ同じ場所のようである。現在の校門の左手には旧門柱がそのまま保存されており、往時を偲ぶことができる。

その旧門柱の脇には絵図にある「蓑掛松《みのかけ》」も植えられている。おそらく三代目か四代目の松であろう。また、その近くに「文之和尚記念碑」が立っている。

ちなみに、文之和尚は薩南学派の祖桂庵玄樹《けいあんげんじゅ》から数えて四代目の学僧である。桂庵玄樹は京都五山を代表する臨済僧で、応仁の乱を逃《のが》れて西国に下り、島津忠昌《ただまさ》に招かれて鹿児島で生涯を終えた人物であるが、その間に朱子学の注釈書『大学章句』を刊行している。

その直系の四代目は漢文学にもすぐれた才能を発揮したが、漢文学ばかりでなく世界の動きや外交面にも眼光炯炯《けいけい》人を射るところがあり、鉄砲伝来についても日本史上唯一の記録である『鉄炮記』を残している。その多才には驚くばかりである。

その人柄に目をつけた義久は、彼を招き側役として重用したのであった。その眼力では義久もまた鋭い人物であった。

文之と『日向山侏儒どん』

鹿児島には古くから『日向山侏儒《ひなたやましゆじゆ》どん』という頓智ばなしが伝えられている。侏儒《しゆじゆ》と呼ばれていた日当山の地頭を勤めた三尺（約九〇センチ）ばかりの身長の小男が、殿様を相手に頓智ばなしで、殿様を困惑させる話が集められている。この話の背景は、その時代と場所からして、義久と義久に仕えた侏儒が主役であり、熟読すると多くの教訓が盛り込まれており、筆者には、支配者の配慮すべき事柄が、巧みに造作され脚色されて伝えられているように思われる。

このような話にまとめたのは、義久の側役をつとめた人物、おそらく文之であろうと筆者は見定めている。

その『日当山侏儒どん』の話の周辺を、少し紹介してみたい。まずは、散逸していたこの話を大正・昭和の時代に親子二代にわたって蒐集され、まとめられた人物がおられた。西熊吉さんと西昭三さんであり、日当山の近くにお宅があった。

西昭三さんの著書

筆者は西昭三さんに懇意にしていただき、お宅に伺ったりしていて、侏儒どんの話をしばしばお聞きしていたが、残念なことに昭三さんは思いがけず病気で亡くなり、ご夫人とご息女がその意思を継いで、熊吉さん・昭三さんが残された原稿を整理されて、『日当山侏儒どん―人物像と侏儒ばなし―』として二〇一八年五月に国分市の出版社から刊行され、父子二代にわたる長年の念願を叶えられた。

したがって、いまでは誰でも容易に侏儒どんの頓智ばなしを読めるようになっている。筆者もはじめて全篇を読ませていただいた。そして感じたことは、これらの話は単なる頓智ばなしでは済まない内容であり、侏儒どんに仮託された教訓書ではないか、ということであった。

となると、つぎには誰が何のために、あるいは誰のためにということが頭の中を巡り始めた。そしてさらに、そのようなことができる人物は限られていることに気付いた。

この教訓書は婉曲《えんきょく》な表現が多く、それにもかかわらず読む人の心に響くところが少なくない。そのような技巧的表現ができる人物である。しかも「殿様」がしばしば登場していることから、「殿様」に会うことが許されている人物である。そこで浮かんできた人物は、あの『侏儒どん』の話を造り出した文之和尚に違いない、との思い付きであった。

それ以後、筆者はその思い付きに確信が持てるようになってきた。あの話しに出てくる「殿様」は義久であり、日当山の地頭の「侏儒」とは仮想の人物であり、殿様に日常的に接することのできる人物に仕立てたのであると。そして、こんな話を構想する才能の持主は。文之以外には居ないとの確信でる。

その確信のもと、あらためて『日当山侏儒どん』を読むと、話の内容が「なるほど」と、よく納得できるようになってきた。

ちなみに、西昭三さんは日当山の歴代の地頭を調べているうちに、「侏儒どん」の実在性に疑いを抱き、歴代を列記して「侏儒どん」の本名とされる「徳田太兵衛」に「?」のマークをつけている（著書31ページ）ことも記しておきたい。

『日当山侏儒どん』を読んで、少し内容分析を加え、気づいた事柄などを以下に述べてみたい。まずは「殿様はお忍びで」各所に出かけている話が多いことである。また、「百姓」「村人の紛争」「高利貸」「欲深い男」「焼酎屋」「魚屋」「鰻屋」「薬屋」「フトン屋」などの話で多彩である。

これらの話から、筆者は島津義久がみずから領域の世情を知るのに熱心であったことを知ることができる。上に立って治める者の心得であろう。

その治者の心得を、文之は後に続く義弘、さらに家久らに、秘めた教訓として、それとなく伝えたものではなかったか、と思っている。

義久と、その側近の文之は稀に見る深慮遠謀の名コンビであった。この二人の存在によって、その後の江戸時代二六〇年を、島津氏は曲折を乗り越えて存続したのであろう。

第二部

五章　人文研究の先達三人

民俗学の小野重朗先生

先達として、筆者が教えを受けた先生方は少なくない。それらの先生方のうち、鹿児島県で筆者の印象に残っている故人三人について語ってみたい。

まずお一人は、民俗学の小野重朗先生である。民俗学は日本人の生活・伝承などの文化を研究する学問であるが、小野先生は南九州の本土ばかりでなく、奄美・沖縄など南島についても広く研究しておられ、文献を主に勉強していた筆者にしばしば示唆を与えて下さった。

小野重朗先生著書（一部のみ）

学生時代に筆者は池田源太先生に、民族学を引用した日本古代史の講義を受け、オーストラリアの先住民族の話や、日本の大和（奈良）地方の古い習俗の話を聞いていたので、小野先生が研究会で発表される話には、とりわけ興味があった。

民俗学の話は、歴史学と隣接する分野として興味を持っても、歴史学の史料を重視する立場からすると、出典が不明確の場合が多く、ある種の不安がつきまとい、自分の論文に引用するには、その論拠にとまどい、引っ込めてしまいがちであった。

その点、小野先生の論文は民俗学のいくつかの事例を紹介しながら、それらの事例はどれが古いものかを指摘されて、筆者にも理解しやすいものであった。

聞くところによると、小野先生はもともと生物学がご専門で、生物の進化や分類の方法を民俗学に応用させて説明されているとの話であったが、そのことを先生に直接お聞きしたことはないので、真相は明らかではない。

先生によると、県内の民俗行事などがしばしば島津義弘の朝鮮出兵に、その起源があるように語られているが、先生の調査ではそれらは後代に造作された話で、実証されたものではないといわれていた。しかし、筆者にはそのことについて語る資格はないので、真偽のほどは不明である。


小野先生は、奥様を亡くされたあと、幼い娘さんをお一人で育てられ、娘さんが成長すると単身で禅僧のような生活であったらしく、筆者がお宅に伺ってお話を聞こうとしても、「このつぎの研究会の時にして下さい」、と電話を切られ、時間に厳しい日々であった。それでも筆者にはご著書を出版されると、わざわざ贈って下さった。

毎月の研究会にはよく出席され、ご自身の研究をわかりやすく発表して下さったが、他の研究者との議論も単刀直入にされていた。研究会終了後は、いつも「反省会」と称して、若い者たちで飲み会をするのが通例となっていたが、小野先生の参加はほとんどなく、さっさと帰宅されていた。

そんなある時、研究会のつぎの朝、先生の訃報が飛び込んで来て、驚いた記憶がいまだ鮮明である。「昨日は、あんなに議論されていたのに、何が起こったのであろうか」と。それが、小野先生の最期であった。

先生が研究会の機関誌に寄稿して下さる原稿を、筆者は編集していたが、その文字は鮮明で、原稿全体への心くばりもいきとどき、ほとんで手を入れることがなかった。校正の必要もほとんどなかったが、一応は見ていただくと、すぐに戻して下さっていた。ときに投稿者には印刷屋泣かせの原稿もある中で、先生の原稿は模範的な存在であった。

考古学の河口貞徳先生

河口貞徳《さだのり》先生を知るようになったのは、筆者の弟が玉龍高校で教えを受けたことに始まると記憶している。筆者が夏休みに帰省すると、弟が谷山の草野貝塚の発掘に夢中になっていた。その状況を聞くと、河口先生の指導によるクラブ活動であった。

当時のわが家は鹿児島駅の近くで、谷山までは相当の道のりであったが、弟は自転車で発掘に通っていた。聞くと、谷山電停からでもさらに数キロ先のようで、往復するだけでもかなりの体力を消耗しそうであるが、弟は熱心に出かけていた。短気な性格の弟がいつまで続くかと見ていたが、筆者も一週間ぐらいの滞在であったから、よくは知らないままであった。

あとで聞いたところでは、発掘作業は単純で、小さな竹ベラで遺物の出土を期待しながら作業を続けていると、しだいに気長な性格に変ったように感じるとのことであった。しかし、筆者の観察では短気な性格はその後も変ることはなかったようである。

河口先生の姿を、実際に見たのは一九五八年（昭和三三）の山川町成川《なりかわ》遺跡の発掘の時であった。この時も夏休みに帰省したら、山川町で発掘調査が行われているとの話を聞き、出かけたのであった。弟は所用で不在であったので、一人列車で出かけ山川駅で下車、右手のガードを抜けた所で、すぐ現場がわかった。

現在の発掘調査の現場と異なり、炎暑の中でテントを張っただけの現場は、しばらく見学するだけでも、筆者は砂ぼこりと汗にまみれる状態であったが、黙々と発掘作業に専念する若者たちの姿を見て、声をかけることもできないまま、ただ見ていた。

発掘作業の現場は、奈良や周辺地域で見学してきたが、成川遺跡のような厳しい状況下での現場は初めての体験であったと思っている。考古学は、体力と忍耐力が必要なことを十分に感じとったのであった。

以後、帰省のたびに玉龍高校に河口先生を訪ねることが多くなった。わが家から歩いて一キロ半ばかり、先生の資料室兼研究室は二階の角にあり、訪ねやすい位置にあったから、しばしばお邪魔してお話を伺っていた。先生は、時間を惜しむことなく、県内の遺跡や遺物についてご教示下さり、大変お世話になったことを今も感謝している。先生は、筆者に前もって電話してもらえば、授業のある時は資料室のカギを開けておくので、ご自由に見学下さいとも云っておられたが、それだけはあまりに図図しいので、訪ねることは遠慮していた。

筆者の奈良の下宿は、平城宮跡のすぐ北にあったことから、宮跡の発掘は通学時の往復途上で、日常的に見学していた。ときに珍しいものが出土すると、作業服姿の研究者が声をかけ、手招きしてくれたりして、遺物を見せてもらった。とくに発掘調査主任の狩野久さんには、そんな機会が多かった。

大学では二学年下の西谷正君が若年の頃から京都大学の小林行雄先生の指導を受け、考古学に深い知識と経験をもっていて、筆者も彼には一目置《いちもく》いていた。西谷君は大阪・高槻《たかつき》の自宅近くの天神山遺跡とか弁天山遺跡発掘の際に、遺物が盗まれないように提灯《ちょうちん》をつけて一晩中見張りをしていたらしく、仲間から「弁天さん」の異名がつけられていた。

その彼と筆者は、大学で『日本書紀』を読む研究会を二人でつくって勉強していた。筆者の知っている関西の考古学研究者は、概して文献史料に強いところがあり、とりわけ小林行雄先生はその代表格であった。先生の該博な文献史料の知識は、平城宮跡から隼人の楯が出土した時、それが『延喜式』隼人司条所載の楯であることを逸速《いちはや》く指摘されたことでも知られている。

西谷君はその後、京都大学大学院・奈良文化財研究所を経て、九州大学に赴任し、考古学界で知らぬ人のない活躍をされた。九大退職後も八面六臂《ろっぴ》の大活躍をされている。

その西谷君が河口先生と共同調査をされる時が来た。筆者にとっては、日頃敬意をもって接していた二人であったから、ひときわ興味深い調査で、現場にかけつけた。場所は旧吹上町入来《いりき》の支石墓《しせきぼ》調査で、西谷君が助教授時代であったから、数十年かそれ以上前のことであった。

支石墓（旧吹上町）

支石墓はドルメン（フランス語）という用語で総称される墓制で、世界的に分布するが、日本には朝鮮半島から北部九州に伝播し、弥生時代の遺構とされている。数個の石で支えられた上部を一個の巨石でおおう構造で、吹上町の西岸部には北部九州からもたらされたと推定されている。

一帯には、他にも支石墓が発見されており、北部九州の墓制である合口《あわせぐち》甕棺《かめかん》も出土している。このような遺構・遺物の出土は、単なる伝来にとどまらず、北部九州からの移住者が定住した可能性を示唆するものであり、発掘調査の結果が期待された。しかし、この支石墓は元の場所から移動しているらしく、一帯からは期待された遺物の出土が少なく、残念であった。

その後筆者は、鹿児島大学から「古代史と考古学」の講義題目で非常勤講師を依頼され、十年ばかり通うことになった。その間、バスや市電で騎射場《きしゃば》で降り、大学まで歩いていたが、その通勤路に河口先生のご自宅があり、かなり大きな収蔵庫が建てられていた。

聞くところによると、河口先生の長期にわたる発掘調査は、私費によることも少なくなく、その場合の遺物は、先生の私設収蔵庫に収納されている、との話であった。

河口貞徳先生著書（一部のみ）

そのいっぽうで、筆者の講義を受講する学生の中に、西谷君の息子の彰君がおり、熱心に聴講していた。彰君はその後ヨーロッパにも留学し、現在は熊本県内の考古学の調査に携わっているようで、毎年正月には筆者の元に賀状を寄せている。したがって、親子二代にわたる縁である。

歴史学の芳即正先生

芳即正《かんばしのりまさ》先生は、筆者が高校入学した時の担任で、文献史学がご専門であった。専攻分野は江戸時代から明治時代であったようであるが、高校時代はそんな専攻分野などを知ることもなく、社会科の先生として通っていた。

したがって、高一で「一般社会」、高二・高三で「日本史」「世界史」と三年間を、先生の社会科を受けて卒業した。その間、筆者は先生のご自宅によく遊びに行っていた。

のちに、奥様が「うちで食事をした生徒はいるが、風呂まで入ったのは中村さんだけです」といわれたが、筆者は記憶があいまいで、申し訳ない思いである。それでも筆者が母校に就職すると、ご自分でネクタイを造って下さり、可愛がられたことは覚えている。

先生は、普段は無口であったが、時に饒舌《じょうぜつ》になられた。それでもご自分のことを話されることはほとんどなかった。したがって、どのような青少年時代を過ごされたのか、筆者は知らずに居たが、のちになって周囲の方々から聞かされるようになって、少しずつ分ってきた。

そのお一人は、県立図書館長をはじめ多彩な経歴をもっておられた新納教義《のりよし》先生のお話であった。新納先生は、七高で芳先生と同じクラスだったとのことで、芳先生が優秀だったようすをつぎのように筆者に語っていた。

芳君は、中学四年終了で七高の入試に合格した秀才であった。中学は五年で卒業して七高を受け、それでも難関であったから、一年あるいは二年の浪人は珍しいことではなかった。ところが、芳君は入学後も成績が良く、いつも「カベツキ」であった。カベツキというのは、教室の後ろの壁際に座席があり、成績の悪い者は最前列の座席で「コクバンツキ」と呼ばれていたから、想像がつくだろう、と。

新納先生はご自分ことを、「コクバンツキ」の常連でした、とも話されていたが、それが事実かどうかは、確かめようもなかった。

旧制の高校が難関だったことは、筆者も先輩からよく聞かされていた。高校を卒業すると、大学は無試験のようなものだった、とも聞いたが、志望コースによっては大学も容易ではなかったようである。

芳先生は東大文学部国史学科を卒業され、鹿児島県立二中に就職されたようである。しかし、長くは勤められず兵役に召集されたらしく、時には軍隊の話もされていた。断続的にうかがった話によると、兵役は二度目で、無事に帰還できたことに、運命的なものを感じているとのことであった。多くの友人が戦場で亡くなったのであった。

以下に、先生からお聞きした話を、思い出しながら脈略もなく、述べてみたい。

まず、先生の名字が珍しいのでおたずねしたことがあった。おそらく由緒があるのだろうと思った。その通りで、生家がお寺だったので、寺の山号「芳華山《ほうかざん》」の「芳」を、明治の初めに名字にしたとのことだった。先生ご自身も僧侶の資格をもっているようで、十年ぐらい前、私共同窓生の一人が亡くなった時に、先生は同窓生を呼び集めて、ご自分の家の仏壇の前で読経され、供養されたことがあった。

先祖代々、東本願寺系の僧職を勤められ、大分県をはじめ、各地の系統のお寺を転々と移られたようである。鹿児島に来たのは、大分県の日田から中学二年の秋ごろのことで、学年途中だったので転入する学校がなく、私立の鹿児島中学（現、鹿児島高校）に入り、その後は新納先生の話にあったように、七高から東大に進まれたそうである。

鹿児島には、それ以前にも住んだことがあったようで、先生は授業の時に「鹿児島語」の話をされることがあった。その一つ、二つを筆者は時々思い出すことがある。

鹿児島語で「ツガンネェー」というが、それは、林羅山《らざん》の著書に『本朝《ほんちょう》通鑑《つがん》』という神武天皇から江戸時代初めまでを書いた大部の日本史書があるが、その『通鑑』にも書いてないようなこと、の意であると。この説が正しいのかどうか、ただの冗談だったのか、いまだに真偽のほどは不明のままである。

芳即正先生著書（一部のみ）

もう一つは、大学時代に鹿児島出身者のための同学社という寄宿舎があり、寒い冬の夜に何人かが近くのうどん屋で、褞袍《どてら》をかぶったまま屯《たむろ》することが、しばしばあったという。そんなある時、鹿児島語でワイワイしゃべっていたら、近くの席に座っていたおじさんが、「君たちは満州国の留学生か」とたずねたので、一人の学生が「イエス」と応じたという。このような昔の学生の話は、先生からよく聞かされたように思うが、六十年以上も過ぎると、筆者の記憶もあいまいになっている。

女丈夫　芳夫人

芳先生の奥さんについて、筆者が大学院で教わった北山茂夫先生は、以前に面識があったとのことで、「芳君の奥さんは女丈夫《じょじょうぶ》だね」と語っていた。北山先生と芳先生は、東大の先輩と後輩の関係であったという。

この「女丈夫」という表現が芳先生の奥さんによく合っていることが、後年になって筆者は強く感じるようになった。

高校入学以来、出会った芳先生はいつも服装は無頓着なようすで、靴は復員の際に支給されたのであろうか、軍靴《ぐんか》であった。それが、卒業式の日には一転して、モーニングコートに黒靴であったから、生徒たちはびっくりして、先生を冷やかし「先生、背中に質札がついている」といったところ、「おお、取るのを忘れていた」と応じ、みんなで笑ったことがあった。

また、筆者が後年になってお宅を訪ねたら、「いま、出掛けるところだから、君も車に乗れ」といわれるので、いわれるままに車に乗ったところ、運転するのは先生であった。まだ自家用車が珍しい頃であったから、その車についてお聞きしたところ、同乗していた奥さんが「私が買ったのよ」といわれたので、筆者は呆気《あっけ》にとられたことがあった。

さらには、筆者が借金をして家を建てることを話したところ、奥さんが「私の山の木材を使いなさい。支払いは月賦にしてあげるから」といわれ、大口市にあるトッコサン山の木を、材木屋に頼んで必要なだけ運ばせて下さったことがあった。トッコサン山とは、大口では知られた山の名であったようで、奥さんの名前「とく子」から、そう呼ばれていたようである。

南日本文化賞を受賞（1995年）
とく子夫人と

三十数年経た今もその家に住んでいるが、トッコサン山から伐り出した檜材の内装材は、当初は黄色を帯び、芳香を放っていた。

芳先生の日常の質素な服装などから見ると、筆者と同じ貧乏人と思っていたが、さきのモーニングコート、自家用車、そしてトッコサン山などから想像すると、富豪であるらしいことがわかってきた。

以上は、筆者が尊敬する鹿児島の各界の先達の三人である。それ以前に筆者は歴史の分野で、直木孝次郎・林屋辰三郎・上田正昭などの優れた先生方からご薫陶を受けた幸せを、日頃つくづく感謝しているので、若い人びとに、何れの分野でも、早いうちに一流に接することの大事なことを説いているところである。

六章　「東西南北」と「左右」と

天子南面・臣下北面

「倭《わ》」といわれていた古代の日本は、近隣の大国である中国を模倣することが多かった。本格的な宮都《きゅうと》は飛鳥の藤原京に始まるといわれているが、藤原京は中国の長安の宮都に類似した都で、それまでは大王（天皇）一代ごとに宮地を移っていた都が、藤原京では三代の宮都になり、中央豪族もそこに集住するようになった。

その藤原京の中心には天皇の宮殿が造られたが、天皇が儀式などに出御《しゅつぎょ》する大極殿《だいごくでん》は瓦葺きで、天皇は南面して臣下の前に姿を見せていた。中国では、「天子南面」の語があるように、古くから天子は南に向かって出御する慣例があり、日本でも天皇はそれにならっていたようである。

したがって、以後の平城京・平安京でも宮殿の正門（朱雀《すざく》門）は南に向かって開くように造られていた。そのような宮殿の構造を考えると、南・北の方向にかなり配慮したことが知られるが、それは宮殿ばかりでなく、寺院でも同様であった。

古代の寺院は、飛鳥寺・法隆寺・薬師寺・東大寺など、いずれも南に正門である南大門があり、主要な仏像を安置する金堂《こんどう》は北側にあり、中でも本尊は南に向かって配されている。したがって拝観者は南側から北に向かって進み本尊を礼拝することになる。

このような配置を見ると、やはり南北が配慮され、宮殿も寺院も基本的には同じ方位感覚である。その方位からすると、天皇も本尊も頭上に夜は北極星が輝き、天体に深い関心を示していた古代人には、両者は自然と一体化した存在として受けとめられたのではないかと思われる。

しかし、八世紀後半になると、仏教と政治の一体化を利用して、僧道鏡が皇位をうかがうようになると、その動きは和気清麻呂《わけのきよまろ》らによって阻止され、平安時代には寺院は京外や山岳での造立に制限され、政治とは分断されるようになった。

平安時代の寺院

平安時代の仏教は、まず最澄《さいちょう》と空海に代表される。最澄は比叡山に延暦寺を、空海は高野山に金剛峰寺《こんごうぶじ》を建て、それぞれ天台宗・真言宗を開いた。日本史上宗派といえるのはこの二宗に始まる。奈良時代に南都六宗《なんとりくしゅう》と呼ばれたものは「六宗兼学」の性格が濃厚で、各寺院では六宗を兼ねて修学したので、いまだ宗派的性格ではなかった。

また、山地を開いて建てられた室生寺《むろうじ》は、平安初期の遺構が現存しており、貴重な寺院建築の姿がうかがえる。奈良県宇陀《うだ》市に所在しているため、奈良市から遠隔の地であるが、時間を費やしても拝観したい寺院である。

京都の清水寺を参詣した人には、この寺院の立地に注目して、その方角を確かめておきたい。というのは、奈良時代までのように南に正門が開いているかどうかである。坂道を東に向かって登った所に門が西に向かって建てられている。平安初期の開山と伝えているが、しばしば兵火で焼け、現在の伽藍は徳川三代の家光によって建てられた。その様式は平安時代以来の伝統を継いで、本堂正面（清水の舞台）は南向きである。

したがって、正門の向きと異なり、参詣者は右手に廻って本堂正面から拝観することになり、奈良時代までの寺院の南向きの伝統が継承されていたが、平安時代になっても南向きを固守しようとする思考は、清水寺ばかりでなく他の寺院でも見られる。ただ羅生門の東側に建立された東寺《とうじ》（教王護国寺）だけは平安京を守護する寺院として勅許されたので、京内では唯一平坦地に建てられていて南向きである。いまでもその五重塔はJR京都駅から望まれる。なお、羅生門の西側には西寺も建立されていたが、早い時期に焼失し、現在はその跡地だけが伝えられている。

それでも、平安時代も中期以後になると、寺院建立の方角には新しい思想も生じてくる。その思想の背景には浄土教の流行があった。浄土教は阿弥陀仏《あみだぶつ》を信仰し、来世において極楽《ごくらく》浄土に往生《おうじょう》し、そこで悟《さと》りを得て苦がなくなることを願う教えである。十世紀半ばに空也《くうや》が京の市《いち》でこれを説き、ついで源信《げんしん》（恵心僧都《えしんそうず》）が『往生要集』を著して念仏《ねんぶつ》往生の教えを説くと、浄土教は貴族をはじめ庶民の間にも広まった。

平等院鳳凰堂

浄土とは清浄な国土の意で、仏教が説く他界《たかい》（死後の世界）であるが、その浄土も多様であり、とりわけ阿弥陀如来の極楽浄土が優勢であった。極楽浄土は西方十万億の彼方にあるとされ、西の方角への思考が強まる傾向があった。

そのいっぽうで、十一世紀に入ると都では流行病や火災が続き、地方では争乱が生起して不安な世相になった。そのうえ、末法《まっぽう》の到来が近いという思想が広まった。

この末法思想は仏法の予言説で、釈迦《しゃか》の没年を

聖衆来迎図（高野山蔵）

紀元前九四九年として、その二千年後から末法（破滅の世）に入るとされるもので、日本では永承《えいしょう》七年（一〇五二）がその初年にあたるとされた。藤原頼《より》通《みち》が平等院を建てた年と一致している。

平等院鳳凰堂《ほうおうどう》は阿弥陀堂を中央にして背後に西向きに見る夕陽が映える構えで、西方浄土を具現している。したがって、末法を克服し阿弥陀如来の現世到来をはかった願望の現れであろう。

頼通の父、道長《みちなが》は阿弥陀如来の来迎《らいごう》図を死の床でみずからの指と結び、浄土へ導かれること願ったと伝えられている。道長は代表的一例であるが、各所で来迎図が描かれていたことが知られている。

また、阿弥陀仏も多く造像されていた。仏師定朝《じょうちょう》は寄木造《よせぎづくり》の技法を完成し、優美な阿弥陀像を数多く造って需要に応じていた。

鎌倉以後の新仏教

西方浄土の思考は、法然《ほうねん》の浄土宗、親鸞《しんらん》の浄土真宗《しんしゅう》に継承されたが、いっぽうで奈良時代の旧仏教も改革され、その刷新につとめて、架橋などの社会事業や貧民・病人救済などにあたった。

親鸞に代表される鎌倉新仏教は、旧仏教の攻撃による念仏《ねんぶつ》教団への弾圧で、親鸞は師法然と共に流罪の苦難にあい、赦免された後は関東に拠点を移し、下層武士や農民など民衆の布教に専念した。

念仏は心中に仏の姿や功徳《くどく》を観じ、口に仏名を唱えることであるが、とくに浄土宗では阿弥陀仏の名号を唱えることによって、極楽浄土に往生できるとされた。

浄土真宗では親鸞の死後は、娘の覚信尼《かくしんに》、三世覚如《かくにょ》、八世蓮如《れんにょ》、十一世顕如《けんにょ》などに継承され、西方浄土の信仰は定着していった。とりわけ、蓮如は農民層にも平易な「御文《おふみ》（御文章《ごぶんしょう》）」で説き、本願寺教団の拡大、発展に努めた。その御文の代表的一つを以下に掲出してみよう。

夫《それ》人間の浮生《ふしょう》なる相《そう》をつら〳〵観《かん》ずるに、おほよそはかなきものはこの世の始中終《しちゅうじゅう》まぼろしのごとくなる一期《いちご》なり。さればいまだ万歳《まんざい》の人身《にんじん》をうけたりといふ事をきかず。一生《いっしょう》すぎやすし。いまにいたりてたれか百年の形体《ぎょうたい》をたもつべきや。我やさき人やさき、けふともしらずあすともしらず、おくれさきだつ人はもとのしづくすゑの露《つゆ》よりもしげしといへり。されば朝《あした》には紅顔ありて夕《ゆうべ》には白骨となれる身なり。すでに無常の風きたりぬればすなはちふたつのまなこたちまちにとぢ、ひとつのいきながくたえぬれば、紅顔むなしく変じて桃李《とうり》のよそほひをうしなひぬるときは、六親眷属《ろくしんけんぞく》あつまりてなげきかなしめども更にその甲斐《かい》あるべからず。さてしもあるべき事ならねばとて野外におくりて、夜半《よわ》のけぶりとなしはてぬればただ白骨のみぞのこれり。あわれといふも中々《なかなか》おろかなり。されば人間のはかなき事は老少不定《ふじょう》のさかひなれば、たれの人もはやく後生《ごしょう》の一大事を心にかけて、阿弥陀仏をふかくたのみまゐらせて念仏まうすべきものなり。　あなかしこ〳〵

この御文は、現在も浄土真宗の寺院で法事などの際に僧侶が好んで読み唱えるもので、門徒の信者がしばしば耳にしているものである。

この蓮如の活躍によって本願寺門徒は組織化され拡大していったが、この組織はやがて武力蜂起するようになった。それは蓮如の意図するものではなかったが、各地でいわゆる一向一揆を惹起《じゃっき》して、支配層をおびやかしている。

なかでも長享二年（一四八八）の加賀の一向一揆では守護の富樫政親《とがしまさちか》を滅ぼし、約一世紀にわたって自治支配を行なうなど、強大な勢力であった。また、徳川家康と戦った三河《みかわ》一揆（一五六三年）、織田信長と戦った石山《いしやま》合戦（一五七〇年）も代表例である。

島津領の一向宗

南九州の島津領は戦国末期から江戸時代に一向宗禁制を行なっているが、その禁制はこのような一向一揆を警戒したものであったとみられる。

その禁圧は、種々の拷問《ごうもん》などをともなったことでも知られているが、いわゆる「隠《かく》れ念仏」として地下に潜入し、ガマ（洞穴）などの跡が各地に残されており、かなり大量の信者が存在したことが推測できる。

明治九年に（一八七六）に信教が自由になって、一向宗は浄土真宗となって公認されるが、約三百年にわたって親から子へ、さらに孫へとおよそ十代にわたって隠れて存続したこともあって、その間の信者の実数は不明である。

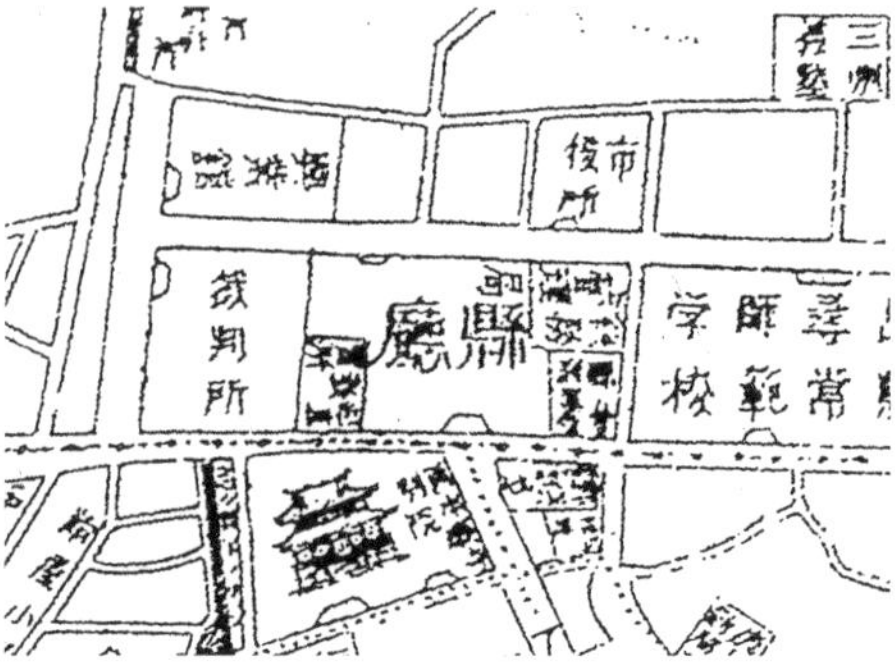

明治 30 年の鹿児島市地図

それでも、解禁になって間もなくすると、大伽藍が県庁正面に造立されており、その信者の勢力が、いかに強大であったかを想像することができる。図版は明治三〇年の鹿児島市の主要地図から、「縣廳」（県庁）の正面に「西本願寺別院」一帯の部分を抜き出したものである。

当時の県庁は現在の中央公園に裁判所と並んで建てられていた。その正面の現在の西本願寺別院の敷地に当たる所に絵入りで描かれているので、その大伽藍が判りやすい。ちなみに、東本願寺別院も、ほぼ現在地に相当する付近にやや小規模に伽藍が描かれているが、その部分は省略した。

「東西」重視の寺院も

現在の鹿児島の両本願寺別院の正面はいずれも東向きであり、西に向かって拝礼するように造られている。その造りは、京都の両本願寺本山も同様であり、西方浄土を意識しているのであろう。

その西方は、東から昇った太陽が沈む方位であり、沈む先には阿弥陀仏の極楽世界が存在すると考えられている。このような西方浄土や阿弥陀仏の思想は、先述したように平安中期にその淵源があり、鎌倉新仏教で展開を見せるが、法然や親鸞が流罪にされたように、その布教は容易ではなかった。さらに室町時代末期以後は一向一揆を警戒され、弾圧にもさらされている。
したがって、従来の南北方位の重視から東西方位の重視への移行は、一部の宗派内の動向であって、他の諸宗派は立地条件次第ではあったが、従来の方位を慣習的に継承していたようである。

島津領の江戸時代の寺院の実態を絵図を入れて詳しく紹介している『三国名勝図会』（一八一四刊）によると、最大規模を誇る島津氏の菩提寺である福昌寺について、

曹洞宗なり　大門・山門・本堂、皆南に向ふ。七堂伽藍を作る。

とあり、領内第二の規模の真言宗の大乗院については、

經圍山《きょういざん》の扁を掲ぐ、寛陽公《かんよう》（十九代島津光久）の御筆なり。本堂南に向ふ。

とあり、島津領を代表する大寺は、いずれも「南に向ふ」と紹介している。
したがって、寺院の本堂をはじめとする主要伽藍はいずれも南面して建立されていたことを知ることができる。ということは、本尊はいずれも南面しており、古代以来の方位は江戸時代に至っても継承されていたのであった。

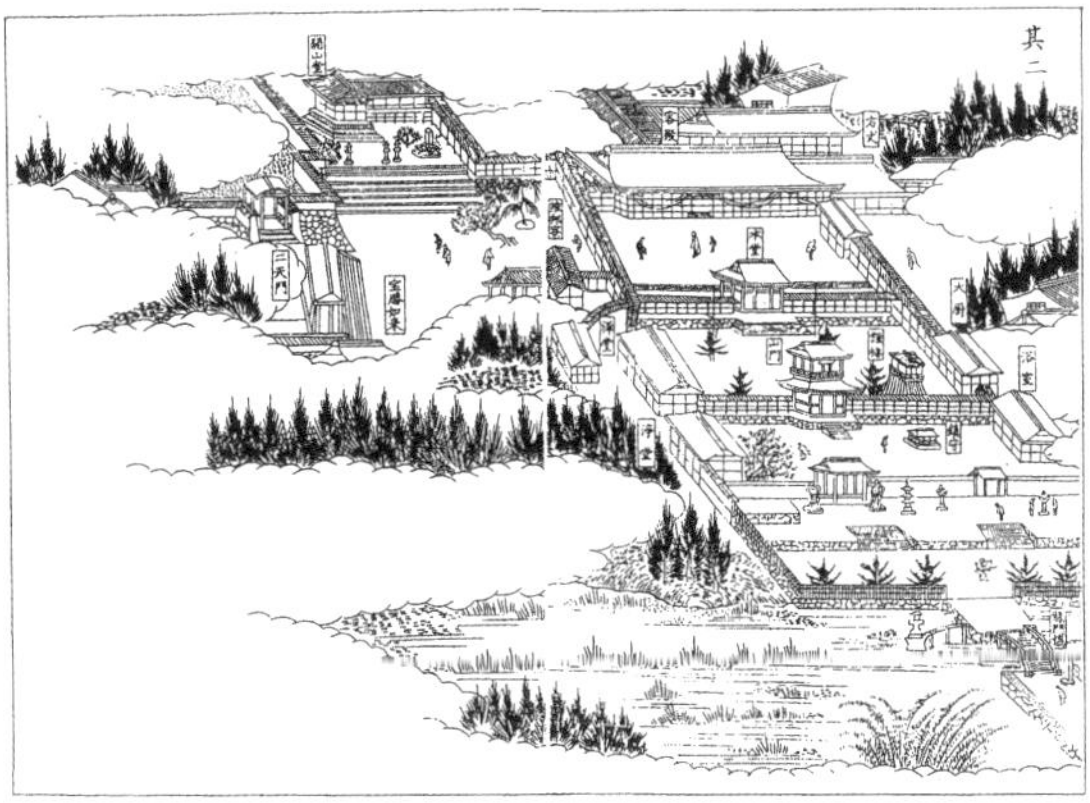

玉龍山福昌寺の主要部

しかし、幕末から明治初年にかけての廃仏毀釈によって、江戸時代以前の寺院は一寺も残らず壊されているので、残念ながら現物を見ることができない。

現在、鹿児島県内で拝観できる寺院で最大級の西本願寺別院、次いで東本願寺別院は、いずれも明治以後の建立であるから、その方位を見て「寺院は東に向う」などと決め込むのは早計である。筆者は、学生時代に古代寺院を実地に拝観する機会に恵まれ、時に僧職にある方々と接し、また先学に指導いただいたので、寺院ばかりでなく、平城京などの宮殿跡も南面していることを実見することによって、存分に納得することができた。

ちなみに、『三国名勝図会』で鹿児島の藩校であった造士館の記事を読んだ時も、そこに正門である仰高門《ぎょうこう》が南に開かれているを見て、古い建造物が南向きに造られていたことを知って、鹿児島でも「南面」を重視していたことに、思わず「なるほど」と一人で納得したことがあった。

「右」と「左」と

「右」「左」の語を聞くと、少年時代の遊びで草野球をして、友人の一人が「左利《き》き」であったことを、なぜか思い出す。当時は左ききなどの言葉は知らず、「左ギッチョ」といっていた。その友人はなかなか野球が上手であったから、いまなら「サウスポー」と呼んだかも知れない。

当時はグローブを持っている者が少なく、持っていない者は素手で参加していたが、左ギッチョの彼は右手にはめるグローブを持っていたので大変珍しく、思い出すときはそのグローブのことも重なっていたのかも知れない。

右・左では別の思い出もある。筆者が小学校に入るころは、小学校のことを「国民学校」と呼んでいた。この国民学校ではすべてが軍隊調で、先生は一年生にもよく号令をかけていた。「右向け　右」とか「右へ　ならえ」とか、大声を張りあげていた。男の先生ばかりでなく、女の先生も。

北九州の国民学校だったので、小倉の兵営も近く、軍需工場も多く、生活の周辺には軍事色があふれていたようである。そんな環境であったから、国民学校低学年から将来は軍人になることだけを教育されていた。いまでも覚えている、こんな歌がある。

ボクハ軍人ダイスキダ
イマニ大キクナッタナラ
勲章ツケテ　剣サゲテ
オ馬ニノッテ　ハイドウドウ

こんな歌の文句を利用してまで、先生は右手がどんなに大事かと、教えるのであった。剣をさげるときも、馬の手綱《たづな》を引くときも、右手を自由に使えるようにするためには、どうすればよいか、よく考えること。

したがって、右手が使えないようでは、軍人になっても一人前の働きはできないぞ、というのが先生の口ぐせであった。

「左」上位を知る

ところが、敗戦後になって高校まで進学して、日本史を学習するようになると、「右」と「左」が逆転したのである。

というのは、律令制度を学習して政治機構を一覧すると、太政《だいじょう》大臣を中心に左大臣と右大臣がおり、その下に八省が配置されていた。しかし、太政大臣は則闕官《そっけつかん》で適任者がなければ欠員となることがしばしばあり、平常は左大臣が最上位ということである。すなわち、左が上位で、右大臣は左大臣の下位であった。

「左上位」の原則は、その後も通例となり、政治機構ばかりでなく、諸物の配置に用いられている。かつて筆者は京都で宝鏡寺《ほうきょうじ》（「人形寺」とも）を見学した際に、案内人の説明を聞いて、ここでも左上位を知らされたことがあった。

宝鏡寺の人形配置（絵はがきより）

この宝鏡寺は古い時期からの多くの人形を展示しているのであるが、天皇・臣下を問わず男女二体を配置する際には、男が左、女は右に並べるとのことであった。

したがって、雛《ひな》人形を飾り並べる際も最上段の男性は左、女性は右となる（向かって見ると反対になる）。この形式は、天皇家・大名家などで古い雛人形を飾る場合は、現在も継承されているという。

ところが、近代になって三月の雛祭りを一般家庭で飾り並べる際は、最上段の男女は女性が左になり（向かって見ると、右になる）、古い配置とは逆であるという。案内人の話では、近代以後、雛祭りは女性の遊びとして一般化して盛んになったので、新しい方式に変化したようだという。

「右に出る者なし」

左上位を通例としたが、日本史を通覧すると、そればかりでなく「右に出る者なし」の言葉があり、右が上位のこともある。この言葉の古い例が『日本書紀』にあり、決して新しいものではないようである。

その古い例を紹介しておきたい。

『日本書紀』の継体天皇紀二二年（五二八）に北部九州の豪族筑紫国造《つくしのくにのみやつこ》の磐井《いわい》が朝廷軍と対戦した時に、朝廷では大将軍物部大連《もののべのおおむらじ》麁鹿火《あらかひ》を筑紫に派遣し、磐井を斬り殺した。その麁鹿火の前年の出陣の際に「今　麁鹿火が右に出づる無し」の言が見える。

この六世紀初めが「右に出づる」使用の初例とされるが、それが事実かどうか確かめようがない。それでも、『書紀』編纂事業が進行していた七世紀後半には知られていた言とすれば、確実な使用例とすることができよう。そのほかの使用例は『太平記』などがあるが、その成立は十四世紀であるから、この言が七世紀までに日本に存在したことは明らかであろう。

この言の出典は中国の『漢書』で、右を上席としたことにあるとされるので、ほぼ紀元前後にあたり、この言が日本に伝わり、現在も時に用いられている。

そのいっぽうで、日本では律令制度で左上位が定着しており、その淵源がどこにあるのか気になるところである。

そこで、愚見を述べると、つぎのようなことと関連しているのでは、と思っている。「天子南面」については先述したのであるが、南面した天皇から見ると、左は東位にあたっており、天界に太陽が昇る方位であり、「天皇」の語と太陽上昇とが結びつけられての着想では、と。

愚見を重ねてもう一例述べてみたい。『隋書』は大業《たいぎょう》三年（六〇七）の記事に、小野妹子がもたらした国書に、

日出づる処の天子、書を日没する処の天子に致す。恙無《つつがな》きや。（下略）

とあった一文に、中国皇帝の煬帝《ようだい》が怒ったと記してある。ここでは「蛮夷《ばんい》」の倭国の大王を「天子」としていることは一応置くとして、先述の愚見と同じ思考が読みとれるようである。

七章　新制中学開設期の混乱

新制中学に入学

太平洋戦争後、アメリカの教育使節団の勧告にもとづいて、民主教育の理念を示す教育基本法が制定され、義務教育が六年から九年に延長された。また、学校教育法が制定され、六・三・三・四制の新しい学校制度となった。

義務教育の九年は、小学校六年の上に新しく新制中学三年を設けたのであったが、戦災で多くの建造物を失なった後であったから、どこに中学校を設置するか、また教員をどこから配置するかで、混乱状態が起こった。

その混乱状態の一例を筆者は体験したので、懐旧しつつ記してみたい。かれこれ七十年以上も前のことであるから、記憶違いもあるかと懸念もしているが、その点はご容赦願いたい。

小学校を国民学校と称していたが、筆者の卒業は一九四七年（昭和二二）で、その制度の最終年であり、同年四月からは義務教育となった新制中学校に行くことになった。当時住んでいたのは鹿児島駅の山手であったので、筆者の校区は市立第三中学校であった。

中学校とは名ばかりの学校で、戦災で焼けた市立歴史館を校舎として使用したと聞いている。現在の市立美術館の敷地である。鉄筋二階建てであったから、建物の輪郭だけは残っていた。

年表で見ると、開校は五月一日となっているので、四月には間に合わず、にわかに床を張ったり屋根を板で葺いたりしたのであろう、と想像している。道路向かいは公会堂（現、中央公民館）であったが、この建物も屋根は焼け落ちていた、と記憶している。

机などはなく、登校の際に板切れで自作した机を持って行き、下校時に持ち帰ったことが数回あったと思うが、学校に置いておくと盗まれるとのことであった。

第三中は、のちに長田中学校と校名が変わり、現在の場所に移っている。いまでも国道10号線の陸橋を車で通過すると、その校地を懐かしく思い出す。長田中の敷地の一角には当時名山小学校も同居していたので、小学生と運動場を共用していたのであろう。長田中学校の校章には、現在も数字の「３」をデザインしたものが使われているのは、かつての名残りである。

新制中学校は市内では北の方から第一中学（現・吉野）、第二中学（現・清水）、第四中学（現・甲東）、第五中学（現・城西）などと、ナンバーが付いていたが、それぞれ、にわかづくりの校舎でスタートしたようである。

教員の確保も大変だった、と聞いている。復員（軍隊帰り）の先生や外地から引揚げの先生などさまざまであった。なかには科目を兼ねる先生もいて、体育の先生が英語を教えたりしていた。当時の公立高校の入試には英語はなかったので、あまり気にしていなかった。

中学一年のクラス写真（焼け跡の旧公会堂）

それでも中学一年のクラス写真が残っているのは貴重である。当時は、衣・食・住のどれをとっても満足なものはなかった。したがってクラス写真は、一見するとどこかの施設か収容所に集められた浮浪児を思わせるバラバラの服装であり、靴の無い者も多く、年長の生徒もいる。場所は現在の中央公民館の正面である。服装から見ると冬に近い頃か。先生は珍しくネクタイをしている。女の子のセーラー服は姉達のお下りでもあろうか。筆者にとっては、男女共学のクラスは初めての経験であったから、女の子と話をした記憶はなく、その後の高校も男子校であったから、高校までは女子禁制のような学校生活であった。

ただし、家に帰ると二人の姉がおり、下の姉はとくに多弁な性格であったから、その姉が結婚して家から出て行くまでは、家中にぎやかな毎日であった。そのせいもあってか、筆者は幼児から無口の性格であり、必要最小限のことしかしゃべらなかった。

現在の中央公民館

いま、筆者は時々中央公民館で市民歴史講座を行なっているので、その往復に公民館入口の階段を昇り降りしている。そのたびに、七十年以上も前を思い出し、一人懐旧の思いにふけっている。筆者は現在まで中学以前の友人は、一人としてつきあいがなく、賀状などの交換もない。転校と引越しを重ねてきたので、クラス写真が唯一のよすべである。中学二年以後のいつからだったのか、中学校は長田町に移った。

三中から長田中へ

長田町の新校舎に移って、しばらくして学校にピアノが来た。小学校の五・六年生では校舎が戦火で焼けた体験を二度している。八幡小学校と中洲小学校での体験である。市内を転々とした借家生活だったので、それにともなって学校を移った。同じ学校に二度転校した経験もある。

その間に、校舎とともにオルガンもピアノも焼けてなくなっていた。だから中学校で久しぶりにピアノに再会した感じがした。筆者は国民学校四年の夏休みまでは北九州の学校で過ごしたが、そこで習った音楽は、紀元節や天長節などの儀式の歌か軍歌が多かった。

五線譜の音階は、ハ・ニ・ホ・ヘ・ト・イ・ロ・ハであった。それが戦後になると、ド・レ・ミに変ったのであった。その音階を新しいピアノで耳にしたのである。音楽の先生は一階の教室に置かれたグランドピアノの上に天井からホコリが落ちるといって、生徒に二階を歩く時は静かに歩くように注意していた。それでもホコリが落ちるので、ピアノの上の天井にシーツを広げたような布を張った。

ピアノが到着して、久しぶりに合唱をする授業を受けた。先生がド・ミ・ソの音階で全員「起立・礼」をさせたが、筆者にはハ・ホ・トが声となって出るような感じで、しばらくは慣れない時間があった。

合唱がようやく全クラス一通り学習できた頃であろうが、学芸会のような行事をすることになった。ピアノの披露も兼ねていたのであろうと思う。音楽の先生（男性）は授業時間に腕自慢のように独奏することがあったので、その独演の方が主であったかも知れない。いずれにしても、筆者には四・五年ぶりの学芸会であった。

といっても、講堂もなく体育館もなかったのでどこを会場にするのかわからなかった。すると、体育の時間に運動場の片隅に集合させられて建築資材のような木材運びをさせられた。その資材を、なぜか音楽の先生が指揮をして組み立てたのであったが、その後出来上ったのは舞台であった。あとで聞いたところでは、組み立て舞台は西田小学校から借りたもので、音楽の先生の自宅のすぐ近くだそうである。

いやな授業　歴史

美術館と里程石碑

歴史の授業は、まったく興味がなかった。終戦後は歴史の授業は禁止されていたが、それが解除されて再開されたのであったが、先生は黒板に事項を書き並べることが多く、それを生徒に写させることに終始し、興味をひくような説明を聞くことはなかった。

そのような授業が先生の教授法なのか、再開された歴史の指導法に迷っていたのか、いまだによくわからない授業であった。その後、筆者は歴史が好きになったのは、高校や大学で教わった先生方の御蔭である。

その後、筆者なりに周囲の歴史を調べてみると、旧歴史館の敷地、長田中学の校地はそれぞれ歴史の由緒のある場所であることがわかってきた。その一端でも授業で話題にしてくれたら、中学時代の若い頭脳を啓発して、歴史への興味を引き出してくれたはずである。

現在の長田中学校正門付近

というのは、旧歴史館の敷地は明治時代には鹿児島市役所があった場所であり、旧県庁がいまの中央公園にあったから、一帯はまさに鹿児島の中心地であった。したがって、市役所の敷地の一角には、各地への距離を記した石碑の里程標が建てられていた。その石碑が現在も美術館の国道側に残っている。

また、長田中学校の校地は江戸時代には琉球館があり、現在の運動場の一角には「琉球館跡」の石碑が建てられている。琉球館は琉球国の鹿児島事務所とでも云える役所があり、鹿児島の港から琉球館へは運河が通じていた。その痕跡はいまもたどることができる。その運河には「新橋」という橋がかけられ、西田橋と同じような番所が置かれていた。したがって、鹿児島の城下への出入口としての関所となっていた。

給食の経験はなし

現在の小・中学校は学校給食があり、筆者はうらやましいと思っている。筆者にはその経験がない。食糧難の時代であったから、各自弁当を持って通学していた。それも白米は珍しく、麦・千切《せんぎり》大根・芋などが混じったものであり、なかには弁当を持って来てない生徒もおり、昼食時間になると外に出ていた。

中学校三年になって修学旅行があった。この旅行は楽しい思い出になっているが、かなりの強行軍であった。鹿児島駅から夜行列車で熊本に行き、乗り換えて阿蘇山の登山口で下車、そのまま登山をして、熊本市内の旅館で一泊した。司《つかさ》旅館という名をいまに覚えている。翌日は熊本城を見学して帰途についた。

この修学旅行にも旅費がなく行けなかった生徒がいたことを、筆者は後日聞いて知ったが、自分も母子家庭であったから、人並みに旅行に行かせてくれた母親には感謝している。

また、中学三年の初夏の頃であったが、ザビエル鹿児島来訪四〇〇年を記念した行列があり、校舎の二階から見学したことがあった。この行列は、鹿児島駅からザビエル教会に向かっていたようで、旧県庁正面の通りを進んで行ったので、校舎の二階から行列はよく見えた。先生の事前の説明では、四〇〇年近く前のザビエルの右腕を入れた箱を持って通るので、注意して見るようにいわれたが、二階からは箱の中までのぞき見ることは困難であった。

当時の男の先生は軍隊調に動作をするのが好みで、生徒が少しまちがったことをすると、体罰を加えていた。庭ぼうきの柄で頭をなぐられた生徒もいた。また、連帯責任ということで一人の生徒の不始末を、その生徒の座席の列の生徒全員を罰したりしていた。

先生たちの前歴は、軍隊帰りのほか、海外から引揚げた人、転職の人、新卒の人などさまざまであった。そのなかで筆者が尊敬したM先生は大陸からの引揚げで、女性であったが頭髪が短かく、引揚げ途中は男性に変装して帰国したと聞かされていた。帰国後、ようやく頭髪が伸びつつあった。

そのM先生の授業は、古代ギリシアの詩人ホメロスの英雄叙事詩『イリアス』や『オデュッセイア』の話や、ドイツの考古学者シュリーマンの遺跡発掘の話など、興味を覚えるものが多かった。M先生の授業は楽しく、筆者は夢中になって聞いていた。ところが、先生はしばらくすると、東京の大学で勉強するとのことで退職された。

あこがれの先生であったから、その後も筆者は文通していた。そして数年後、上京した折に先生を探し訪ねて、アパートらしい住所の前までたどり着いたが、先生は不在であった。その後も文通だけは続いていたが、やがて消息不明になってしまった。

買い出しで捕まる

母が家族の食料調達に苦心しているのを見ていたので、米・甘藷などの買い出しを手伝ったことがあった。中学一年の時ではなかったかと思うが、記憶があいまいである。市来か串木野あたりの農家をまわり、入手しようと交渉しても、どこも相手にしてくれなかった。仕方なく、大根を四、五本買ってリュックに入れて帰途についた。ところが、西駅（当時）で下車したとたんに巡査につかまり、警察に連行された。十数人が同時であった。当時は警察署が照国神社前の現在の県立博物館にあった。リュックの中味は大根なので、すぐ帰してもらえると思っていたが、他の場所でつかまった人たちもいて、取調べに時間がかかっていた。その取調べの問答を聞いているうちに、筆者はこわくなり、陽《ひ》も傾いてきたこともあって、泣き顔になった。

それを見ていた巡査の一人が、近づいてきて、リュックの中味を調べて、「デコン（大根）を持って、戻れ」といい、解放された。

買い出しには、母と弟と三人連れで肥薩線の栗野に行った時のことも忘れられない。ようやく米を手に入れて、駅までたどり着いたら、駅前に交番があった。すると、未就学幼児の弟が持たされていた小さな包みを、だまって交番の前に置いて、走って母の所に戻って来た。すると母が筆者に、取り返して来るように小声でいったので、取りもどして駅舎に逃げ込んだことがあった。

この小事件があってから、十年ばかり経って筆者は栗野に用事で出かけたが、駅前の交番は前の位置にそのままあった。

戦後数年になっても、戦中から続いた食糧事情は深刻で、近所に住んでいた巡査の家庭の噂も聞こえてきた。巡査は休日になると出かけて行き、どこかから闇《やみ》米を担いで帰るという話であった。筆者もある日、偶然に巡査がリュックを重そうに背負って帰るところに出会ったことがあった。中味が闇米であったかどうかは知る由もなかったが、三人の小学生の家族は、よく肥えていて、いいものを食べているからだとの噂もあった。じつは、この巡査はニセ者で、巡査の服は取り調べ遁《のが》れの偽装であったという。

いっぽうでは、城山登山路には横穴で生活する家族も見かけた。その一部は岩崎谷側のトンネル近くの崖下に穴居していて、家族をごく近くで見たことがある。食糧難ばかりでなく加えて住居もかなり不足していたようである。

話は飛ぶが、昭和二六年（一九五一）十月のルース台風では、筆者の家のバラック屋根の大部分が飛ばされて、家の中で傘をさしていた。この台風で家屋全壊二五〇〇戸の被害が出ている。筆者は数日後、谷山・小松原の学校に行ったら、校舎一階の天井近くまで海水が入り込んだ跡が残っていた。海水は電車線路を越えて、谷山の山手側まで浸水したとの話であった。電車は、もちろん不通で、筆者は鹿児島駅近くの自宅から谷山まで下駄履きで往復したのであったが、沿線の惨状は目を覆うばかりであった。

バラックの自宅は、隣が大工さんであったから幸いに古木材で修理してもらい、何とか住めるようになったが、母は濡れた夜具の始末に困惑する毎日であった。

その前後も台風にはしばしば襲われたが、このルース台風の「十月十四日」の夜のことは、いまも鮮かに覚えている。最近は、巨大台風が南九州を避けるので、被害もあまり聞かなくなったが、戦後のバラック造りの家とは家屋の強度も格段に異なっているので、若い世代の住民には、台風の怖さが理解しにくいようである。

汽車の切符買いで徹夜

中学二年で体験したことである。列車の長距離乗車券は簡単には入手できず、長時間行列をなして、制限枚数の人数の内に入っていれば、ようやく購入できた。筆者は当時の始発駅の鹿児島駅の近くに住んでいたことから、ある時知人に乗車券購入を依頼され、その列に並ぶことを覚悟して引き承けたのであったが、なんと前日の夜から駅前の広場の列に入った。販売は翌日の午前七時からであったから、その広場で徹夜する羽目になった。

駅前広場には、その行列を目当てに木製の腰掛を貸す業者がいて、腰掛と番号札を配っていた。借用料を払って番号札を入手すると、しばらくは列を離れても良かった。近くには屋台の商人も出ていて、うどんや甘酒・稲荷ずしなどを売っていた。腰掛屋と屋台商人は通じているようで、親しそうに話をしていた。

筆者のような中学生や若い女性の姿は無く、話をする相手もないまま、何とか朝まで過ごし、無事乗車券を入手して帰宅したが、この奇異な夜のことは、いまでも思い出す時がある。

戦争は戦前から始まる

いま、振り返ると筆者の生涯の約三分の一は戦争に翻弄《ほんろう》されていたことがわかる。幼児から軍人教育漬けであった。国民学校の頃の歌は

きょうも学校に行けるのは　兵隊さんのおかげです　お国のために　お国のために戦かった　兵隊さんのおかげです

この歌を毎日のように歌っていた。それだけではなかった。北九州の隣組では会長の奥さんが洋服屋と一緒にやってきて、幼児用の軍服を注文するように要請し、寸法

幼児の軍服姿

取りに廻わって来ていた。

その軍服は筆者が着た後は、弟に下げられ「余所《よそ》行き」用として着せられている。弟の四歳の時の写真が、いまも家に残っている。

筆者の家は北九州の八幡製鉄所の敷地近くにあったため、疎開を命じられていた。その引越し先を母が思いあぐねている間に、叔母が昭和十九年（一九四四）六月の北九州大空襲で爆死する悲惨な事件が起こった。叔母はいまだ二〇代で病院で看護婦をしていた。

この事件をきっかけに、母は父の船が寄航する予定の鹿児島への転居を決意し、筆者が国民学校四年の夏休みに疎開した。鹿児島では知人の家に数週間お世話になったあと、転居が続き、筆者が憶えているのは市内を十一か所移っている。現在の住居は十二か所目である。

その転居にともなう転校は、手続きが面倒で松原町から中洲小まで歩いたこともあった。その間に、父の船（三井船舶）は軍に徴用され、父の身分は「軍属」となり、鹿児島に寄航することは一度もなかった。海軍に徴用、ついで召集されていた兄（三井生命勤務）の戦死、次いで父の戦死の報がもたらされた。

それからは、母のタンスの衣裳が少しずつ減り、ついには小型の長持の中の冠婚葬祭用の衣装箱が空になった。すべては食糧に代った。

その長持だけが、いま筆者の家にある。

八章　南部九州勢力地図の変遷

藩の消滅と府県誕生

明治の新政府は「王政復古」の号令を発し、諸侯は版籍（土地と人民）を朝廷に返還し、知藩事になり、新政へと進行したように見えた。

しかし、諸藩の内情は深刻な財政難に直面しており、進退窮まっていた。そこで政府は明治四年（一八七一）に薩摩・長州・土佐三藩から提供された「御親兵」一万を背景に藩の全廃に踏み切った。

廃藩置県の実施にあたり、大久保利通は、つぎのような決意をもらしている。

今日のままにして瓦解《がかい》せんよりは、寧《むし》ろ大英断に出て瓦解いたしたらんにはしかず。

この決意は、御親兵の武力の脅威と旧藩主優遇策が功を奏して、廃藩は意想外に円滑に行なわれた。

その結果、明治四年七月には全国を三府三〇二県としている。これらの府県には北海道・沖縄は含まれていない。また、従来の藩は原則として一県としている。さらに、幕府直轄領も分割しており、三府とは東京・大阪・京都である。

しかし、これらの三〇二県には規模の大・小の格差があったため統合されて、同年十一月には三府七二県とし、中央から府知事・県令が派遣されて統治にあたったため、幕藩時代の藩主はほとんど罷免《ひめん》されている。

南部九州の県と名称

三府七二県となった発足時の鹿児島・宮崎両県域を見ると、宮崎県域の北部には美々津《みみつ》県・南部と鹿児島県域の大隅地区は都城県・薩摩地区は鹿児島県となっていた。

ところが、南部九州ではその後も地域の併合に変化があった。明治六年(一八七三)になると美々津《みみつ》・都城二県を廃止し、新たに宮崎県が置かれた。さらに同九年八月には宮崎県を廃止して、鹿児島県に合併し、かつての薩摩・大隅・日向の三国すべてが鹿児島県となった。

しかし、この広域合併に旧宮崎県側には不満がくすぶり続けた。たとえば、旧宮崎県の北端に立地する延岡から鹿児島県庁に出向くには、片道三日かかるなどの不便が生じていたから、戸長《こちょう》などの役職者は行政事務に支障をきたした。

戸長は、町村制施行以前の町村の代表であったから、県会議員らを通じて、分県の

廃藩置県（明治四年・三府七二県）
西日本の一部

必要を説いていた。しかし、県会議員数（定数）は四十名のうち、日向側が十三名に対し、薩摩・大隅側は二七名であったから、分県の要請は認められず、県令（知事）の地方巡視に際し、分県を陳情しても、岩村通俊・渡辺千秋両県令とも相手にしなかったという。

その後、さらに旧宮崎県側では中央政界の薩摩出身者を除く伊藤博文・山県有朋・品川弥二郎《やじろう》らに対し、有志が上京して陳情するなど、さまざまな方策を講じた。

ところが、その間に日向出身の県議川越進が県会議長になり、苦策をかさねた末に、分県決議案を通過させ明治十六年（一八八三）五月、宮崎県の分県独立がようやく実現した。

それでも、日向に所属していた志布志・大崎・松山の三郷は鹿児島県に編入されたり、天孫降臨の地とされる高千穂峯に県境がかなり接近するなど、その後に問題を残

宮崎県を鹿児島県に併合。斜線部分は宮崎県分離時に鹿児島県に編入区域。

したようである。

宮崎県と鹿児島県の合併と分立の推移を見ると、明治以降の両県の間の政治的力関係が表出している。しかし、このような関係は近代の一時的現象であり、古代では別の推移があった。その推移を史料にもとづいて概観してみたい。

古代　日向一国時代が

『日本書紀』のつづきを記した『続《しょく》日本紀』によると、七世紀末になって南部九州では日向国が国名として初めて出てくる（六九八年九月）。ところが薩摩国や大隅国の国名については、『日本書紀』にはいうまでもなく、『続日本紀』にもその記述がなかなか出てこない。

そのうちの、大隅国の記述がやっと出てきたのは、和銅六年（七一三）である。そこにはつぎのように記されている。

夏四月乙未《いつび》（三日）、日向国の肝坏《きもつき》・贈於《そお》・大隅・姶羅《あひら》四郡を割《さ》ひて、はじめて大隅国を置く。

すなわちこの記事によると、日向国の四郡を分割して大隅国がはじめて設置されたのであった。

ところが、薩摩国についてはこのような国の設置を明確に示すような記事は出てこないので、推定するしかない状況である。そこで、推定できそうな記事を探すと、つぎの記述にいきあたる。

大宝二年（七〇二）八月丙申《へいしん》の朔《さく》（一日）、薩摩・多褹《たね》（種子・屋久島）、化（教化）を隔てて命に逆らふ。是に於いて兵を発して征討す。遂に戸を校し、吏《り》（役人）を置く。

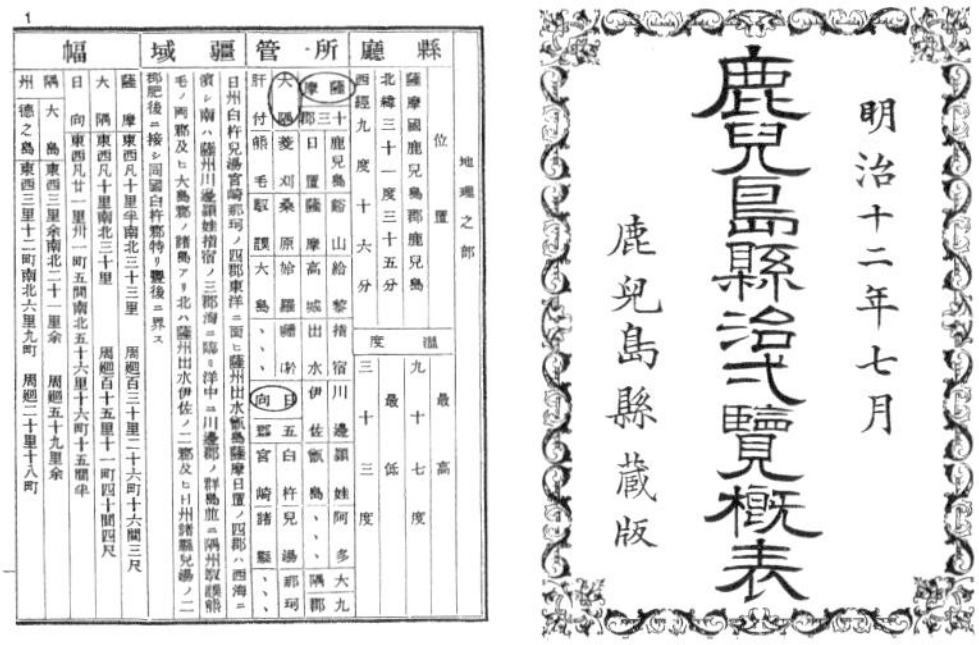
明治十二年七月
鹿兒島縣治一覽概表
鹿兒島縣藏版

地理之部

縣廳 位置 薩摩國鹿兒島郡鹿兒島 北緯三十一度三十五分 西經九度十六分
溫度 最高 九十七度 最低 三十三度

所管 薩摩 十三郡 鹿兒島 谿山 給黎 揖宿 川邊 頴娃 阿多 日置 薩摩 高城 出水 伊佐 甑島、、、
大隅 九郡 菱刈 桑原 始羅 噌唹 肝付 熊毛 馭謨 大島、、、
日向 五郡 臼杵 兒湯 那珂 宮崎 諸縣、、、

疆域 日州臼杵兒湯宮崎那珂ノ四郡東洋ニ面ヒ薩州出水甑島薩摩日置ノ四郡ハ西海ニ濱シ南ハ薩州川邊頴娃揖宿ノ三郡海ニ臨ミ洋中ニ川邊郡ノ群島並ニ隅州馭謨熊毛ノ兩郡及ヒ大島郡ノ諸島アリ北ハ薩州出水伊佐ノ二郡及ヒ日州諸縣兒湯ノ二郡肥後ニ接シ同國臼杵郡特リ豐後ニ界ス

幅
薩摩 東西凡十里半南北三十三里 周廻百三十里二十六町十六間三尺
大隅 東西凡十里南北三十里 周廻百十五里十一町四十間四尺
日向 東西凡廿一里州一町五間南北五十六里十六町十五間半
隅州 大島 東西三里余南北二十一里余 周廻五十九里余
徳之島 東西三里十二町南北六里九町 周廻二十里十八町

明治12年の『鹿児島県治一覧概表』
（薩摩・大隅に日向も加わる）

この記事によると、人民を調べて戸籍を造ったり、役人（国司・郡司か）を置いているので、薩摩国・多褹嶋の成立を示唆しているようである。

とすれば、ここでも日向国からの分立と推測できそうである。『続日本紀』の同じ大宝二年四月の記事には「筑紫七国」の語句もあり、のちの九州（筑紫）にはいまだに七国しかなかったのである。とすると、先述の「薩摩」が日向に属していたとすれば、七国でおさまることになる。したがって、薩摩国は日向国から分立したとの考えは、早い時期から通説とされて今日にいたっている。この通説には、筆者は疑問をもっているが、いまは深入りせず本論を進めたい。

このように、古代においては薩摩・大隅二国の領域は日向国に含まれていたので、近代とは併合状況に逆の現象が生じていたことになる。さらにその後においても、とりわけ大隅国は日向国の経済的支援を受けていた。

というのは、弘仁式《こうにんしき》（八二〇年成立）によると、日向国の年間の支出額を記した項に、「国分寺料三万束」の内訳に「當国一万束。大隅国二万束」とあり、大隅国の国分寺の維持・管理費が日向国の負担となっている。それも、自国の維持・管理費の二倍を負担しているのが注目される。

ちなみに、稲一束《そく》は現在の米二升に相当するので、現在の時価に換算すると、かなりの多額になる。なお、大隅国分寺の造立は、全国に造立の詔（七四一年）が出てから、かなり遅れて実現したとみられるが、独自の財源不足からその造立費も日向国の援助を得たのではないかと推測している。

日向国の地域は五〜六世紀を中心に西都原《さいとばる》古墳群など大量の高塚古墳を築造してお

り、他地域を圧倒していた。また、大王家に妃も送り出していた。その勢威の一端は、早くから大隅地域におよんでいたと想像することができ、大隅の志布志湾沿岸部には横瀬古墳に代表される高塚古墳が築造されている。

しかし、七世紀以降は北部九州の首長層がヤマト王権と結び、九州の主勢力は日向地域から北部九州に交代したようである。胸形《むなかた》（宗像）徳善《とくぜん》の娘尼子娘《あまこのいらつめ》が天武大王の妃となり、高市《たけち》皇子が誕生しているのは、北部九州の首長勢力の優位を示す一例であろう。

したがって、八世紀になって日向国から大隅国は分立しても、志布志湾沿岸地域はその配下であろうが、北部の贈於地域の曽君《そのきみ》勢力などに、日向の勢力がどれほど対応できたかについては少なからず疑問がある。その点については再考の必要があろう。

クマソ再考

すでに述べたように、大隅国が日向国から分立したのは和銅六年であった。といっても、日向国の成立がそれほど古い時期のことではないし、また律令国制自体が七世紀後半以降の制度であったから、日向国から分立した大隅国四郡の成立についても、各郡の歴史を個々に語れるほどの史料は見出せない。

そのような状況のなかで、伝承的ながらその存在を語れるのは、贈於郡かと想定されるクマソの記述であろう。クマソについては、筆者はその虚構と実像について拙著で述べたことがある（『クマソの虚構と実像』（一九九五年））。

その拙著をもとにして、本稿と関連する事項を部分的に述べてみたい。その前提としてクマソはソが主体で「襲国《そのくに》」の伝承的記述であって、クマを「球磨《くま》」など肥後国と関係するように説く従来の通説を否定したのであった。その点については拙著で述べたので、いまは省略したい。

襲国についての伝承は、のちの大隅国贈於郡の地域のそれと推測して、ほぼ見当づけられるようである。その際、『古事記』では「熊曽」の用字での記述であるが、『日本書紀』は「熊襲」とする、その用字からして「襲」をソと読ませて、いかにも攻撃的集団のイメージを強調し、戦前の教科書がその用字を共通して採用していることは注目すべきであろう。

また、贈於郡域は古代と近代ではその地域に変化が生じていることは注意しておきたい。すなわち、古代では霧島山系を中心にして鹿児島湾奥部にいたる一帯であった。ところが近代になって県域の変更から、贈於都域が志布志湾沿岸部に拡大したため、近代以降では拡大領域に主体が移行して受けとめられてきたようである。

そこで確認しておきたい。古代では、霧島山を「曽乃峯」（『続日本紀』延暦七年（七八八）七月条）と表記しており、この表現は現代にいたるまで、霧島山周辺の住民は時として用いているようである。また「ソ」の地名は霧島山麓周辺各地に古代以降も近代にいたるまで残存しており、親しまれてもいたようである。

その「ソ」の用字が「曽」あるいは「襲」であることは、『古事記』『日本書紀』に由来し、後者はさらに教科書によって、人びとの間に定着したものと見られる。

「ソ」地域の特異性

「ソ」の地域は、大隅国の贈於郡域とほぼ重なっている。また、現代では市町合併によって中心地域は霧島市にほぼ包括される。念のため、包括された旧市町を列挙してみると、国分市・隼人町・霧島町・横川町・牧園町・溝辺町・福山町などが現在の霧島市である。

さらに、周辺部では現曽於市（旧財部町・大隅町・末吉町）や現始良市（旧加治木町・始良町・蒲生町）や現湧水町（旧吉松町・栗野町）などであるが、それらを古代の贈於郡域と厳密に判別するのは困難であろう。したがって、本稿では「ソ」地域の中核をなす現霧島市地域を念頭に置いて、話を進めていきたい。

この地域の古代で、まず特異な史的事象は古墳が見出せないことである。高塚古墳はいうまでもなく、南部九州固有の墓制とされる地下式板石積石室墓や地下式横穴墓などもほとんど見出せないことである。

とりわけ、ヤマト王権との結びつきを示唆するとされる前方後円墳やそれに類似する高塚古墳が皆無であり、南部九州でもきわめて特異な地域である。この一事をとっても、一見して反王権的地域であり、クマソ伝説を生み出す背景の存在が推定できそうでもある。しかしながら、クマソ伝説をここで詳しく語ることは控えておきたい。

南部九州の地域、そこはクマソ・ハヤトの居住域と聞かされると、いかにも好戦的、反王権的住民の居住域と断定される傾向がある。しかし、その傾向は伝説や偏見にもとづく先入観であって、史料で跡づけられた事実とはいえないものである。

しいていえば、王権側が強権をもって、この地域に政策を押しつけようとしたことに対し、地域の首長層や住民が抵抗したものである。したがって、主戦場はかれらの居住域であり、かれらが居住域から外部へ侵略的行動に出たものではない。

ハヤトの好戦性や反政権性を、養老四年（七二〇）から翌年にかけての「反乱」で説く論があり、筆者はその「反乱」説に異を唱え、それは政権に対する自衛目的の抵抗であり、「抗戦」の語の使用を主張してきた。

『日本書紀』『続日本紀』は政権側の立場から書かれた史書であることを、常に念頭に置いて読むべきである。そうでなければ、ハヤトの真像に近づくことは困難になろう。

薩摩国の分置再考

大隅国贈於郡については、さらに語らねばならないが、その前に薩摩国の設置について述べておきたい。

薩摩国の設置は大隅国の設置以前であった。この薩摩国の成立事情については、すでに前に述べたのであったが、そこでは問題を残したままであった。それは、薩摩国も日向国から分立したという通説に対して、肥後国からの分立と考えるのが、歴史的に合理性があると思っているからである。

その合理的理由について、いくつか述べてみたい。まず、薩摩国の立地は、日向国よりは肥後国に近いことである。それは、肥後の勢力が早い時期から薩摩に進出していたことによっても明らかである。

薩摩の西岸部には高塚古墳が散在するが、とりわけ肥後との隣接地域には多く分布している。長島・小浜崎《おばまざき》古墳群などはその代表例である。また、薩摩北端の出水郡には肥後の首長層が郡司として勢力を伸張させていたことは、『薩摩国正税帳』の出水郡の郡司名から明らかである。

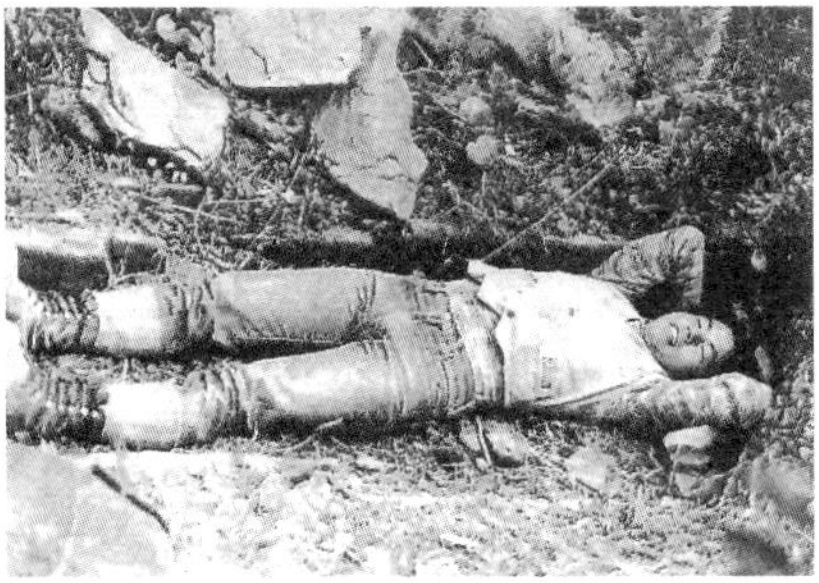
昭和期の奥山古墳

薩摩西岸部には、さらに南下する地点にも高塚古墳が点在している。それらがすべて肥後国と関連するかについては、いまだ明確ではないが、その影響を否定することはできず、今後の研究の進展が期待されている。

なかでも、薩摩半島の南さつま市（旧加世田市）の奥山古墳を調査された鹿児島大学の橋本達也さんの報告は注目される（『薩摩加世田奥山古墳の研究』二〇〇九年）。この円墳は、以前は六堂会《ろくどうえ》古墳と呼称さ

平成期の奥山古墳調査
（「鹿児島大学博物館報告」より）

れていたが、地名にもとづき二〇〇五年に呼称が変更されている。筆者の手元には一九八〇年ごろに見学した写真が残っているが、近年のこの報告書を見ると、その詳細な内容に啓発されることが多大である。

報告書によると、奥山古墳の被葬者は「天草地域に出自をもち、天草地域を中心拠点とする交流によって加世田平野で社会的地位を獲得した有力首長」が想定されている。

また、鳥越《とりごえ》古墳（阿久根）・船間島《ふなまじま》古墳・安養寺丘《あんようじおか》古墳（両古墳は川内川河口部や下流域）は奥山古墳とともに前期古墳の可能性が高く、いずれも入り江状の港の好適地に面する立地からして、その背景に海を介する首長層ネットワークが大きな役割を果たしていたとも想定されている。

このような考古学的考察は、さきの文献史料による考察と相まって、肥後の勢力が早い時期から薩摩地域に進出していたことをうかがわせている。

その後の文献史料から肥後国が薩摩国を支援する情況についても、考察を加えてみたい。それは、さきに日向国が大隅国の国分寺の管理・運営を支援していた『弘仁式』（八二〇年成立）を見ると、肥後国が薩摩国の国分寺のそれを支援していたようすがわかることである。

そこには、つぎのようにある。


肥後国国分寺料八万束。（内訳）當国六万束。薩摩国二万束。


この記述からみると、肥後国は毎年二万束を薩摩国に支援していたのであった。この情況から見ても、大国である肥後国と薩摩国との関係は、かなり緊密であったとみられる。したがって、薩摩地域が一国として分立以前は日向国に属していたとする通説は、再検討の必要があろう。

ただし、八世紀初頭の段階では、肥後勢力の進出は薩摩の北部と西海の沿岸部に限られており、薩摩の内陸部の在地勢力との対峙《たいじ》は容易ではなかった。したがって、その懐柔には大宰府が乗り出している。

『続日本紀』によると、大宝二年（七〇二）二月に「甲斐国、梓弓《あずさ》五百帳を献じて、以って大宰府に充《あ》つ」とあり、同年三月には「信濃国梓弓一千廿張を献ず、以って大宰府に充つ」、さらに慶雲元年（七〇四）四月に「信濃国献ずる弓一千四百張を以って大宰府に充つ」とあり、かなり大量の弓が大宰府に搬入されている。

これらの弓が隼人征圧に用いられたことは、さきに引用した、大宝二年の隼人が教化を隔てて命に逆らったことから「是に於いて兵を発して征討す」などの記事に対応したものとみられる。

また、同年十月の記事に、「是より先、薩摩隼人を征する時、大宰所部神九処に祷祈す。実に神威を頼んで遂に荒賊を平らぐ」ともあり、隼人が大宰府の征討に対し、かなり抵抗したことが知られる。

薩摩・大隅両国の成立

薩摩国、ついで大隅国の成立する過程を見てくると、「薩摩七十七万石」などと云われてきた先入観とはあまりに隔差のある、意外性を覚えるのではないだろうか。

「九州」とは、九つの国の意味であるが、その中で、最も遅く成立したのが薩摩・大隅の二国であった。この二国が、肥後国や日向国の支援を受けていたとは、後代の歴史を概観する時、想像しがたいことである。

しかしながら、これまでに述べてきた歴史事実の推移を振り返ることも重要である。そこには、これまであまり意識しなかった薩摩・大隅の歴史の新しい側面が見えてくるように思われる。

そこでは、なぜ国の成立が遅れたのか、という疑問と、その疑問への歴史的解答に迫まられるのではなかろうか。その解答を筆者なりに提示してみたい。

それは、ハヤトと呼ばれた人びとの自立心の強さであろう。ヤマト政権に与《くみ》することへの抵抗に徹していたのである。

反政権的でもなく、好戦的でもなかったハヤトであったが、大宰府を介しての強大なヤマト政権の軍事力の前には、服従せざるを得なかったのであった。

第三部

九章　若い息吹の講座生

中一年さまざま

教職で五十年以上を過ごした人は、筆者のほかにもいるので、それほど珍しくはない。それでも十代から八十代にわたる幅広い年代層の生徒や学生を対象にしてきた経験をもつ人は少ないと思う。

筆者は、中学生・高校生・短大生・大学生・大学院生、それに一般市民の講座生を対象にしてきた。それも日本史を主科目にしてきたので、同じ社会科でも日本史以外については、関知しないことが多い。

なかでも中学一年生と市民講座は印象に残っていることが多い。そこでまず、中学一年生の日本史の授業から語ってみたい。

中学一年生は三クラスあったので、同じ範囲を筆者は三回くり返すことになる。まず、どのクラスもうるさい。中学一年生というより小学七年生である。筆者が少しでも疑問形を含むように説明すると、すぐに「ハイ！ハイ！」と手をあげる。そこで筆者は「汚い手を出すな。いまから説明が終るまで、黙って聞け」、という。つぎに同じことが起こると、生徒の一人が「黙って聞け」と、教師の代弁をする。こんな調子でにぎやかである。

あるクラスで冗談をいって笑わすと、つぎのクラスのときには、先まわりして教科書の笑わせる箇所を教えてまわっている者がいる。それはすぐ筆者にはわかる。というのは、生徒はその箇所に教科書が進んでくると、ニヤニヤし出すのである。そこで、その箇所は冗談なしで素通りする。すると、生徒は「先生、待っていました」と、声をかけてくる。

また、黒板に文字を書くと、書く場所と筆者の立っている場所が重なることで見えにくく、注意してくる。こんなやりとりをしていると、時間が足らなくなることがよくあった。

中学一年生が四年経つと、今度は高校で日本史を教えることになる。高二までの間に、身長は伸びているが、幼な顔が残っていて、質問もやや高度になり、こちらの冗談もそれに対応するようになってくる。その一節を紹介してみよう。

大隈重信外務大臣は欧米諸国との条約改正案が妥協的だと批判され、玄洋社員に襲われて片脚を切断する傷を負った。その結果、外務大臣を辞すことになり、失脚した。

と述べると、四・五人の者が笑い出し、あとの者たちは、十秒ぐらい後になって一斉に拍手した。中学生よりは、少し進歩したようである。

シルクロードから

つぎには、市民講座が始まるきっかけから。いまから四十年以上前の話である。筆者の勤務校に鹿児島市鴨池公民館長が、突然に来校されて校長に筆者を一週に一度午後の時間に、公民館の市民講座のために時間を空けてくれるように頼んだようである。

筆者は校長室に呼ばれて、初対面の館長さんの話を聞くことになったが、なぜ筆者を指名したのか、またどんな講義をすればよいのか、わからないことばかりであった。

館長さんのいわれたことは、当時のＮＨＫの人気連続番組に「シルクロード」があるので、筆者に日本史をシルクロードと関連づけて話をしてくれないか、とのことであった。しかも、十五回ばかり連続でという。

こんな難問に即答はできないので、しばらく雑談をしているうちに、筆者を推している人物におぼろげながら見当がついてきた。また、校長と館長は、あるカトリック系幼稚園の顧問の会合で顔を合わせており、突然の訪問ではなかった。

このように、周囲の状況がわかってくると、講座の用件も断りにくくなり、結果的には引き受けざるを得なくなった。とはいっても、筆者は、ＮＨＫのテレビはほとんど見ていないし、旅行は好きであったから、国内なら大体の見当はつくが、当時の中国は日本人の入国には厳しい条件をつけていたので、シルクロードは未見の地域であり、しばらくは講座の内容を模索していた。

そのうち思いついたのが、学生時代に毎年文化の日の前後に奈良国立博物館で開かれる「正倉院展」を見学していたので、その毎年の図録を引っぱり出し、五年分ほど勉強しているうちに、何とか十回ほどの講座を済ますことができた。そこであとは、日本古代史の対外関係を中心に進めて、全十五回の義務をようやく果たすことができた。

講座のハシゴ

講座の翌週には筆者のために慰労会を計画していて、館長の最勝寺先生から、是非出席するように要請された。

その席上、講座は大変人気があったので、引き続き自主学習グループを結成することになったので、「よろしく頼みます」ということで、もう少し続けることになった。

それからあとは、「もう一年、もう一年」が続き、もう数えることも忘れ、気がついたら四十年になっていた。その年数を教えてくれたのは、唯一人の最初の講座生のメモだった。その女性は、「私は四十年も落第を続け、米寿になりました。講座の始業は四十年前の五月十五日でした。最近は耳が遠くなったので、お別れすることにし

霧島・福山から通ってくる講座生（現役）

ました」と、昨年（二〇一九）筆者に語り、去って行かれた。
その最後の日には、筆者は呆然として、かける言葉も出なかった。いままでも二十年前後、講義を聴いて下さった講座生は何人かいた記憶があり、現在もそれに近い講座生がいる。

かつては、講座生は筆者より年長であったが、そのうち同年輩となり、現在は筆者より若い人が多い。それでも、いつも話が通じる年代である。数日前も古墳の話をしながら、前方後円墳は鍵穴《かぎあな》の形をしている、といいながら講座生を見ると、カギアナをほとんど理解していた。しかし、以前には大学生には同じ日本語が通じないことがあった。米俵も知らないので、歴史の話は困難なことが少なからずある。

永平寺も合掌造りも

講座生とは一年に数回は一日遠足をして、史跡を見学していた。県内はいうまでもないが、高速道路をバスで走れば熊本県も可能であった。さらに、年に一度か二度は二泊程度の旅行もしていた。航空機とバスを使えば、中部地方まではほぼ可能であった。福井県では永平寺や朝倉氏の本拠である一乗谷《いちじょうたに》、富山県の合掌造り集落なども見学した。

しかし、最近は旅行の希望の声をほとんど聞かなくなった。想像するところ、年齢的に体力に自信をもてなくなった人がふえたようである。いっぽうでは、自家用車がふえたので、気ままに出かけているのでもあろうかと思ったりしている。

ところで、講座が永続きするのはなぜかと、ときに筆者は考えるのであるが、おそらく、理由は二つあると思っている。一つは、筆者の話す歴史への志向に、興味をもって下さることと、もう一つはテストがないことであろう。

前者は、これまで筆者が歴史から学んだことで、いつも話をするときは、その視点が「社会的弱者」に向けられていることに気付くであろう。筆者は権力者には目が向かないし、目を向けるのは社会的に虐げられてきた人びととの接点である。

佐賀・名護屋城跡（九大西谷教授の現地案内）（1995 年）

後者は、筆者はこれまでの教職のなかで、歴史のテストにはさまざまな例にかかわってきた。しかし、その多くは時間の無駄と思っている。多くの受験者にとっては、いわゆる「暗記もの」でしかなく、現在の歴史教育法で本当に身についた歴史的思考の例は残念ながらきわめて少数である。筆者はその体験から、現状では歴史のテストにはかかわりたくないのである。
講座を受講して下さる方には、筆者はいつも無言の激励を感じつつ、もう少しの間は続けたいと願っているところである。

印象に残る受講生

永く講座を続けていると、印象に残る受講生が少なからずいる。そのなかから、数名の方について語ってみたい。迷惑にならぬよう、すべて現役を退いた方がたである。

まず、米寿まで四十年聴講して下さった先述の女性の方である。この方の住居はかなりの遠距離であった。玉龍高校の西側の丘の上の住宅地と聞いていた。筆者は墓所が坂元にあるので、その往復にバスが近くを通ることから、およその距離と鴨池までにかかる時間は見当がつく。バスはどこかで乗り換える必要がある。講座の始業は午後一時三十分と、昔も今も変らない。となると、どこかで昼食をとることになる。

聞くところによると、住居の丘の上は道路がせまく、バスの回数も少ないようである。この丘の上には福昌寺の島津家墓所の明治時代以後の死亡者の墓地もあるので、筆者も玉龍高校の敷地から歩いて見学したことがある。

しかし、そのときは細い道を歩いて登ったので、バスが通るとは想像もできなかった。そんな所から鴨池公民館まで、よく通ったものだと思う。その頃は講座は一クラスだったので、毎週のことである。

かの女は、一日遠足にも、二泊三日の旅行にも皆勤であったと思う。その精勤ぶりにも賞讃するばかりであった。枕崎での女学校時代には、太平洋戦争の開戦記念日（毎月八日）に、いまは有名になった釜蓋《かまふた》神社まで行軍して、戦勝祈願に努めたそうである。ご主人は定年後は趣味の猟銃をもって出かける日が多く、「彼は縄文時代です」と、笑っていた。


つぎは、筆者を講座に呼び込んだ最勝寺俊忠鴨池公民館の館長先生。公民館長職は市立中学の校長を定年になった先生が三年間務めるのが定例のようである。したがって、筆者が講座を担当している間に十数名の館長さんが交代したことになる。

その十数名のなかで、最勝寺先生は出色であった。なかでも変っていたのは、館長自ら筆者の講義を毎回聴講し、館長職を退いても、一聴講生として出席していたことであ

ありし日の最勝寺先生（左側）
（福岡の古寺で／ 2006 年 3 月）

る。その後、講座クラスの委員長に選ばれ、委員長職も長年にわたって務められた。

他の館長で、筆者の講義を聴講した例はないので、極めて珍しい存在であった。たまたま、筆者が谷山中学校のＰＴＡ主催の講演会に呼ばれて講師控室になっていた校長室を訪れると、歴代の校長の写真が校長席の上の天井近くに並べられていたので、それとなく見ると、若き日の最勝寺先生の写真があった。それを、後日先生に話したところ、四十代で校長を務められたようであった。

いくつかの学校の校長を務められ、教育委員会の役職にも就いて、当時激化していた教職員組合の闘争では教委と組合の折衝にも当たられ、両者をよくおさめられたとの話を、筆者は定年後に市民講座に来ていた元教員の方から聞いたことがあった。そのような手腕を裏付けるように、退職後は、退職公務員会とかいう組織の会長に選ばれたりもしていた。

最勝寺先生が講座の委員長のときに、鴨池公民館の改築か改修の工事が数か月続き、教室が使えなくなったときがあった。すると先生はご自分で公民館に近接している市の施設と交渉して、教室を確保し、受講者はあまり移動することなく講座が続けられた。

おそらく、教育委員会におられるときの知り合いが、各所の所長などを勤めていたのではないかと、筆者は推察している。勤労青少年ホームとか婦人研修センターなどが主であったが、婦人研修センターに男性の受講生が入室するなどとは、あまり例がないことであろう。

ちなみに、「婦人」の用語はその後使用されなくなり、現在の正式名称を筆者は知らないが、おそらく「女性」の用語が使われているのではないだろうか。当時、全国各地の施設から「婦人」の用語が改められており、その波が鹿児島にも及んだようである。

奥様の介護もつとめる

最勝寺先生は、家庭のことを話すことは少なかったが、ある日ご自宅に筆者は呼ばれたことがあった。草牟田のアリーナの近くであった。先生の奥様とは初対面で、筆者は愚妻が準備したおみやげを持参して、ご馳走になった。そのとき、初めて知ったのは奥様は病気で、先生が介護していたのである。

その奥様が、筆者のために「炊込み御飯」を作っておられ、大変恐縮したのであった。それ以後、先生は筆者に奥様の病状を語りはじめたが、奥様はまともに座ることができず、半身不随の状態であった。

その数か月後に、奥様は医師会病院に入院されたが、先生は講座の行き帰りに病院に寄られていた。それでも講座のことに気を遣っておられた。委員長は交代されていたが、そのうち、ご自分は前立腺を病み、しばしば講座を休まれるようになった。それでも筆者にはよく電話をかけてこられ、病状報告とともに講座のようすを聞いておられた。

お二人の最期を記すことは筆者にはできない。先生の葬儀には、当時の鴨池公民館長もご会葬に来られていたことだけを記しておきたい。

講座生のSさんも印象に残っている。筆者が知るようになったときには、すでに高齢で口数の少ない方であった。足が悪く自作の歩行補助車をいつも使っていた。器用な方で、その補助車は折りたたみが自由にできる構造に作っていた。講座にはバスを利用されていたが、乗車して腰掛けると、補助車は折りたたんでいた。

二泊三日程度の見学旅行にはよく参加されて、どこにでも補助車を持ち運んでいたし、自分の荷物はリュックだけであった。つれあいは亡くなったらしく、娘さん夫婦の隣りに住んでいるとの話であったが、じつはSさんの土地に娘さん夫

熊本・鞠智（くくち）の復元した山城前
（2001 年）

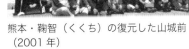

婦の家がある、というのが本当のようだった。

というのは、筆者と娘婿は同じ職場にいたことがあったので、酒席などで話をしていてわかったことである。Sさんは新潟県村上市の出身だそうで、最後の職場が鹿児島だったので、定年後の安住の地になったようである。

娘婿は東北大学の出身なので、Sさんとは地域的にどこかで結びつく縁がありそうであるが、筆者もそれ以上のことは知らない。それでもSさんの知識の深さには驚かされることがある。そのうちの一つだけ紹介しておきたい。

奈良時代の文献に「正税帳」という税の台帳がある。筆者はそれを見ていて「塩」を一年持ち越してもその量に変化がないのが納得できなかった。筆者の知識では、塩を保存すると苦汁《にがり》が出て、少しずつ量に変化が生じるはずだ、と思っていた。

ところが、Sさんの説明では苦汁が出ることで重量は減るが、容積は変わらない。それは枡《ます》で計ればわかりますと。それで筆者はあらためて「正税帳」を見ると、塩は古代でも枡で計っていたのであった。

そのとき、「亀の甲より年の功」の箴言《しんげん》以上の、知識と経験の深さを感じたことであった。Sさんは無口で、自分から人に語りかけることはめったになかったが、その趣味の広さには、変ったものがあった。そのなかでも謡曲・能の謡《うたい》には、筆者は興味を覚えた。それも舞台で演じるのを拝見した。

最後に、「Sさん雲隠れ物語」の一幕を語っておきたい。二泊三日の旅の一日は、河内の古墳見学であった。日本最大級の前方後円墳があちこちにあり、古代史では大和政権よりも河内政権の重要性を論じる研究者も少なくない。そこには、大阪湾を前に望んだ西方への対外関係を重視した視点がある。五世紀のことである。中国の歴史書『宋書《そうじょ》』にも、「倭《わ》の五王」の記述があり、倭の動向に関心を示している。

その倭の五王の一人、「武《ぶ》」と記された雄略《ゆうりゃく》天皇の古墳とされる陵墓が羽曳野《はびきの》市にあり、その陵墓を見学して、さらにその北に雄略天皇の近習《きんじゅ》（ボディガード役を兼ねた側近）を勤めた「隼人」の墓が存在していることを、筆者が説明し、見学もした。その隼人について『日本書紀』はつぎのように記している。雄略天皇崩御の際のことである。

> 隼人、昼夜陵の側で哀号す。食を与へても喫《くら》はず、七日にして死ぬ。有司（役人）、墓を陵の北に造りて礼を以って葬す。

このような記事があることを、見学の講座生に示し、その墓の場所まで案内した。

そのとき、Sさんも歩行補助車を使って、列の後方に連らなっていたが、見学後バスに一行が戻ってしばらく経っても、Sさんの姿が見えず、一時的に行方不明になった。

その後、戻って来たが、筆者に無口のSさんが「隼人の心中を思うと、もう少しお参りの時間が欲しかったですね」、と不満をもらした。

まだまだ、印象に残る講座生が少なからずあり、目をとざすと、走馬灯のように思い出が浮かんでくる。

飛鳥・石舞台古墳を背に（2010年）

旅行先の写真はアルバムで四冊か、五冊にもなっている。なつかしい顔がこちらにも、あちらにもあるが、名前がわからない。筆者の物忘れは、知人の間には知れわたっている。

講座生の学習意欲の若々しさに、筆者は背中を押されて、今日も公民館に出かけて行くのであるが、それは筆者の心身の健康維持にも役立っている。

十章　京・奈良の寺院散策

夢殿の秘仏が出現

法隆寺について述べた書物は多い。しかし、夢殿と本尊の救世《くせ》観音を主体にして語った書は少ない。これから筆者がとりあげるのは、その本尊の出現物語である。

この像は古くから秘仏とされ、夢殿の厨《ず》

夢殿・救世観音

子《し》の扉は閉ざされたままであった。ところが、一八八四年（明治十七）五月にこの像が姿を見せたのである。

アメリカ人フェノロサと岡倉天心によって、像にまかれていた白布がとり除かれ、その姿を人びとは眼前に見たのであった。フェノロサは、この像を見て、

東洋美術の真に悟入することを得た

として驚嘆の声をあげた。

秘蔵されていたために保存がよく、木像と聞いていたが金銅像と見まごうばかりの光輝があり、現在は法隆寺東院の夢殿（八角堂）の本尊として、黒漆の厨子の中に安置されている。

夢殿（左・正面）

秘仏は、現在は春秋の限られた期間二回だけ開扉《ひ》され、拝観者が連日列をなしている。その救世観音像出現までのようすの一部を、拙著の記述からここに再掲してみたい（拙著『飛鳥の朝廷』評論社、一九六九年）

形は金堂釈迦三尊像の脇侍《わきじ》に似ており、衣は肉体に密着したようにして、その衣文《えもん》は左右対称をなし、アルカイック・スマイルをたたえ、正面観照に造形されている点で止利《とり》式とされているが、聖徳太子の死後太子に似せて作ったという伝えがあるように、制作時期は太子死後の七世紀中ごろか、後半とされている。

さて、フェノロサと岡倉天心といえば、明治一〇年代から、日本美術の価値を高く評価し、古美術の保存を説き、一八八七年には両人の努力により東京美術学校が開校されて、日本美術の復興、発展、紹介に活躍した二人であるが、法隆寺東院夢殿の秘仏開扉には、とくに印象的な働きがあった。

フェノロサは、一八七八年に外人教師の一人として来日し、東京大学で哲学などを講じたが、日本美術に関心をもち、かれに師事した岡倉天心とともに、日本美術の発掘復興につとめた。

一八八四（明治一七）年に、フェノロサは岡倉天心を同伴して法隆寺にいたり、古来の秘仏開扉を寺に申し入れたが、寺僧たちは開扉すると不吉な事が起るという迷信にまどわされて応じなかった。そこで、その責任はすべて負うということで、ようやく了解をとりつけたが、いよいよ開扉の段になると寺僧たちはことごとく逃げ去ったと伝えられている。この時のようすを、岡倉天心は次のように記している。

「法隆寺の夢殿観音、有名なる仏像なり、古来秘伝として人に示さず。余《よ》、明治十七年頃フェノロサ及び加納鉄斎《てつさい》とともに、寺僧に面して其の開扉を請ふ。寺僧の曰く、『之を開かば必ずや雷鳴あるべし。明治初年、神仏分離の論喧《かまびす》しかりし時、一度之を開きしが、忽《たちま》ちにして一天掻《か》き曇りて雷鳴轟《とどろ》きたれば、衆大に怖《おそ》れ、事半《なかば》にして罷《や》めり。前例斯《か》くの如く顕著なり』とて容易に聴き容れざりしが、雷の事は我等之を引受くべしとて堂扉を開き始めしかば、寺僧皆怖れて遁《のが》れ去る。開けば即《すなわ》ち千年の鬱《うっ》気芬々《ふんぷん》鼻を撲《う》ち殆ど堪《た》ふべからず。蛛《く》糸を掃《はら》ひて漸く見れば、前に東山時代と覚しき几案《きあん》（机）あり、之を除けば直ちに尊像に触るるを得べし。仏高さ七八尺計《ばか》り、布片、経切等を以って幾重となく包まる。人気に驚きてや、蛇鼠《だそ》不意に現はれ、見る者をして愕然たらしむ。軈《やが》て近よりてその布片を去れば白紙あり、先年開扉の際雷鳴に驚きて中止したるはこのあたりなるべし。白紙の影に端厳の御像仰がる。実に一生の最快事なり。」

と、雷鳴も聞かずに開扉し、秘仏に接した喜びを伝えている。

つぎに、京都市西部の太秦《うずまさ》の広隆寺《こうりゅう》で起こった事件をとりあげたい。広隆寺は秦河《はたのかわ》勝《かつ》が聖徳太子から与えられた仏像を安置するために、秦氏の本拠地である太秦に建立したと伝えられている。

その仏像とは、半跏思惟《はんかしゆい》像あるいは弥勒菩薩《みろくぼさつ》像といわれるが、日本版「考える人」との別称があり、右手を頬《ほほ》に当てる形姿が別称を生じさせている。同じ形姿をした飛鳥時代の仏像が法隆寺夢殿に隣接する中宮寺《ちゅうぐう》にもあり、同じく半跏思惟像と呼ばれている。

その二体のどちらを読者は好むのであろうか。二体の写真を並べてみたので（図版）、じっくりご覧いただきたい。

半跏思惟像・二体

中宮寺　広隆寺

事件は広隆寺の半跏思惟像で起こったもので、昭和三十年代前半期ではなかったか、と筆者は記憶している。それより数年前に、筆者は両仏像とも拝観していたので、この事件については少なからず衝撃を受けた。

すでに半世紀経過しているので、事件の細部については記憶違いがあるかと思う。その点は了承いただきたい。事件の概要は、つぎのようであった。

一人の男子大学生が広隆寺の半跏思惟像を見学していた。堂内には人影がなかったようである。その学生は、思惟像に魅せられて壇上に登り、つい思惟像を抱きしめたのである。

しばらく強く抱きしめていたようである。ふと気がつくと、像の小指が折れて下に落ちていた。かれは動転し、その後の行動もはっきりは覚えていない。

お寺では夕刻になって、堂の戸締りをするために役僧が一巡していて、思惟像の向きが変化していることに気付き、小指の欠損を見て大騒ぎになった。

マスコミによって全国的に報道された。広隆寺は寺院建築としては再建、あるいは再々建であったが、飛鳥時代の仏像が存在することで知られていた。京都はいうまでもなく古寺・古社が多い。しかし、その多くはたび重なる戦災によって失われ、蓮華王院の十三世紀再建などが古い。俗に三十三間堂と呼ばれ、主に湛慶《たんけい》および一派の手になる一千一体の千手観音像で知られている。

その点では、広隆寺の半跏思惟像は時代を飛び越えて古く、京都で唯一の飛鳥仏であったから、その損壊は市民ばかりでなく、多くの人びとを悲しませた。

このような大ニュースもさることながら、当の大学生も傷心から正気に傾き始め、その後自首してきたのであった。その結果、かれが事故後に辿った道を思い出すまま探索し、捨てた仏像の小指を側溝から発見し、現在は本来の状態に接着し、その痕跡も残っていない。

後日、筆者も拝観したが、飛鳥仏は健在であった。広隆寺は、京都市内から嵐山に行く電車通りに面して所在しているので、読者も京都観光の機会には、拝観されるよう願っている。

大仙院の枯山水石庭

京都は学生時代に通学した時期があったが、就職してからは、年に一、二回程度し

大仙院石庭（枯山水）

か行ってない。それくらい少ないが、時間に余裕があれば大徳寺大仙《だいせん》院を拝観することが多い。大徳寺は大徳寺の子院（塔頭《たっちゅう》ともいう）で、大徳寺境内ではかなり奥にある。小規模ながら、枯山水《かれさんすい》の石庭があり、静寂な雰囲気にしたりながら、ゆっくり鑑賞できる。

　大仙院には、指導教官に奈良から連れて行ってもらったのが最初であった。その折には、茶席に案内されて、初めて茶の湯をご馳走になった。その時、当時の住職からお茶の飲み方を教わったのが、いまも脳裡に残っている。

　というのは、作法を知らない筆者が茶碗に少し残して、お返しをしたことで注意されたからであった。接待されたらすべて飲むことが一番大事な作法であり、それ以外のことは適宜にその場で習えば済むことであると。

　その後、筆者は茶席に案内されても、あまり動じなくなり、平然として末席に座り、先客の作法を真似ることで通している。その仕職の書を何とか入手したいと思っていたら、知人が筆者の意を伝えて、色紙をいただくことができた。その色紙には、

百花為誰開　紫野大仙桃林

とあり、拙宅の筆者の机の横にいまも掛かっている。茶席に座すことは、十年に一度あるか、どうかの話であるが、「百花」はいつも目にしている。寓居のわずかな庭にもアジサイや名を知らぬ花が二、三咲いている。バス停まで歩くと、家々に咲いている花が十花余りほどは数えられそうである。要は、それらを花を楽しんで見る眼をもっているかを、色紙は示唆しているのであろう。

先日、大仙院を訪ねると次代の住職が迎えて下さった。この子院は葬儀には関わらないのか、いつも筆者の話相手をして下さる。「暇な住職」といったら申し分けないが、新しい著書を見せていただいたので、有難く奉載して表紙の著者名を見ると、

「大徳寺大仙院閑栖《かんせい》　尾関宗園《そうえん》」とあった。

尾関宗園住職は、以前に筆者が大仙院で茶の湯をご馳走になったとき、先代住職の傍で介添役を勤めておられたので、筆者はおぼろげに記憶していたが、「閑栖」の号

（？）からすると、いまは引退して、気ままに暮らしているようである。

せっかくだから、ご著書にご署名をお願いしたところ、筆者の姓名を入れて下さった。筆者に姓名を聞きもせず、何の滞りもなく姓ばかりでなく、名まで書いて下さったことに筆者は唖然とした。

しばらくは言葉も出なかった。


長い教職生活をしてきた筆者の欠点は、生徒・学生の名前を覚えないことである。よほど記憶に残るようなことがない限り、名前は覚えていない。

尾関宗園老師によると、筆者の姓名を覚えていたのではなく、忘れていなかった。ただ、それだけのことです、ということであった。物事にこだわらない禅僧の話であるから、そんなこともあるのだと思い、辞去した。筆者としては、いつまでも忘れられない一件である。

東福寺の古石碑

ついでに、同じ禅宗の東福寺（京都・東山）を訪れたときの話である。臨済宗寺院であるが、紅葉が見事であるから、秋は参詣者が多く列をなしている。参詣者と書いたが、参詣は二の次で、渡り廊下から紅葉を見物する人びとがあふれている。

秋を避けて、境内を散策するのが筆者は好きで、列車の時刻をにらみながら、人影の少ない西側を歩いていた（渡り廊下の反対側）。ある時、そこに古い石碑を見つけ、俳句らしい文句が読めた。

二三言《ふたみこと》　恋めくもよし　紅葉《もみじ》酒

禅宗らしからぬ古碑の発見に、筆者は東福寺に愛着を感じた。東福寺には、薩摩藩ゆかりの子院もあるが、列車の時刻が気になって帰途についた。

なお、東福寺の寺号には、藤原氏一族の奈良東大寺と奈良興福寺への尊崇の意が込められているという。

中宮寺拝観

つぎに、再び斑鳩《いかるが》の里を訪ね、先に写真だけを紹介したもう一体の半跏思惟像のある中宮寺を拝観してみたい。この寺院は法隆寺東院の夢殿に隣接して所在している。一見すると、東院の一部かと思われそうであるが、別個の寺院である。わかりやすくいえば、拝観料が別である。とはいっても、法隆寺とは深い関係のある寺院で、寺伝によれば、厩戸王《うまやど》（聖徳太子）の母穴穂部間人《あなほべのはしひと》大后（皇后）の発願で建立されたといわれている。

寺の創建地は現在地ではなく、約五〇〇メートル東方の「幸前《こうぜん》」という集落の畑の中で、礎石が残されている。東西約二〇メートル、南北約四〇メートルの土壇がその跡と伝えて

いる。

発掘調査によると、四天王寺式伽藍配置が確認され、法隆寺創建時の若草伽監と同じ様式であった。

その地から、永正年間（一五〇四〜二一）ごろに現在地に移したようである。この寺院の本尊が半跏思惟像（弥勒菩薩像）である。この像の魅力的美しさを紹介したのは、哲学者和辻哲郎の『古寺巡礼』の名文で、一九一九年（大正八）に刊行されている。その名文（一部）はつぎのようである。

…彼女は神々《こうごう》しいほどに優しい「たましひのはゝゑみ」を浮べてゐた。それはもう彫刻でも「推古仏」でもなかった。たゞわれわれの心からなる跪拝《きはい》に価する―さうしてまたその跪拝に生き生きと答へてくれる―一つの生きた、貴い、力強い、慈愛そのものの姿であった。

と記し、また「なつかしいわが聖女」と表現し、絶賛の文をおしみなくつづっている。

この名文に誘われて古寺巡礼を志す人びとが、中宮寺をめざし、さらに夢殿を訪れている。半跏思惟像はヒノキ材の一木造《いちぼく》で、もとは金箔でおおわれていたらしいが、いまは金箔が落ち、色黒く金属製かと見まがうほど黒光りしている。

中宮寺には寺宝がもう一つある。「天寿国繍帳《てんじゅこくしゅうちょう》」と呼ばれている刺繍（断片）である。厩戸王の妃の一人橘大郎女《たちばなのおおいらつめ》が王の死後、王をしのび天寿国の姿を描かせたという。

中宮寺は、法華寺《ほっけ》・山村円照寺《やまむらえんしょう》（いずれも奈良市）とともに大和三門跡《もんぜき》といわれる尼寺で、皇室とも関係が深い。いまは耐震耐火の御堂が高松宮妃殿下の発願で建立されており、半跏思惟像や天寿国繍帳は御堂に安置されている。

法起寺も忘れずに

斑鳩には、飛鳥様式を伝える法起寺《ほっき》もある。ついでにぜひ訪ねてみよう。中宮寺の北東一キロ近い所である。以前は、奈良から関西線に乗ると、法隆寺駅の手前で右手の山麓に塔がよく見えていたが、最近は住宅がふえてきたので視野をさえぎられて、見過ごしてしまうことが多くなった。

飛鳥時代唯一の三重塔を拝観する前に、この地の歴史を少し勉強しておきたい。

『日本書紀』推古天皇十四年（六〇六）の条に、

是歳《このとし》、皇太子（厩戸王）、亦《また》法華経を岡本《おかもと》宮に講ず。天皇、大きに喜びて播磨国の水田百町を皇太子に施す。因《よ》りて斑鳩寺（法隆寺か）に納《い》れる。

とあり、この岡本宮を寺としたのが法起寺と推定する説がある。

法起寺三重塔

「法起寺塔露盤銘」（現存せず）では、法起寺は厩戸王の遺言により岡本宮を寺としたという。法起寺下層の発掘調査によると、石組み溝・柵列・掘立柱建物などの遺構が発見されており、岡本宮に関連するものと推定されている。

「法起寺塔露盤銘」の全文が掲載されている『聖徳太子伝私記』によると、厩戸王の子山背《やましろ》大兄王《おおえ》が父の遺命によって厩戸王の宮であった岡本宮を寺にしたという。

法起寺の伽藍配置は法隆寺と同似形であるが、塔・金堂の東西配置が法隆寺とは逆になっている。この伽藍配置から見ても、創建時期は現在の法隆寺と大差ないと思われる。

法起寺で創建当初の建物は三重塔だけであるが、この時期の三重塔は法起寺が唯一というだけでなく、その偉容と優美な点で、薬師寺の三重塔とは別の品格を備えている。

中ふくらみのエンタシスの柱、突き出た軒を支える雲斗肘木《くもとひじき》が見事である。軒の出がふかいので、下から見るとその工匠の技法が見る者を圧倒して迫ってくる。

仏像は、虚空蔵《こくうぞう》菩薩といわれている銅造菩薩立像が飛鳥時代の作とされているほかに、平安時代初期の木造十一面観音立像などがある。

浄瑠璃寺と復路散策

奈良・京都には拝観をおすすめしたい寺院や散策を楽しむ道筋が、まだ残っている。そのなかの二、三をあげてみたい。

浄瑠璃《じょうるり》寺は奈良国立博物館前の道路を北に進み、京都府に入ってすぐの加茂《かも》町にある。九体寺ともいう別称があるように、阿弥陀《あみだ》仏が九体揃った国内唯一の平安期寺院である。庭の池を中にして向かいには三重塔も残っており、秋の紅葉の頃には池の回りを一周しても楽しめる。

紅葉を楽しみにしていたある女性は、盛期を少し過ぎてから境内に足を踏み入れ、紅葉の落葉が足の重みで沈むのを実体験した、と感動していた。

東大寺転害門

奈良への帰途には、般若寺《はんにゃ》の十三重石塔を拝観し、北山十八間戸《きたやまじゅうはっけんど》というわが国最古のハンセン病救済施設遺構を見学し、東大寺の西側に開いた転害門《てがいもん》前に来た。

奈良時代に、平城宮一条通りに真直ぐ通じる門で、高名な人びとが宮殿から東大寺へと通った入口に所在し、天平勝宝年間（七五〇年前後）に創建された門が、眼前に実在しているのである。いうまでもなく国宝であるが、その国宝建造物が、バスや各種の車が頻繁に通る道路に面して、ただ建っているのはいかにも、奈良らしい風景である。

この門を、東大寺側に抜けると正倉院の屋根がわずかに覗けるが、壁と垣根に遮《さえぎ》られて、宝庫とは同じ空間に立つだけで満足するしかない。　無念！　無念！残念！

十一章　隼人と稲作の軌跡―（前編）

原ハヤトの自然共生

原《げん》ハヤトとは、「隼人」以前に南九州で生活していた人びとの仮称である（筆者による）。

七世紀から八世紀にかけて、南九州の居住民は、中央政権から「隼人」と呼ばれていたが、おそらく、その隼人と系譜的につながる人びとである。かれらは、米作りなどに関心はなく、山野や海から食料を得ていた。

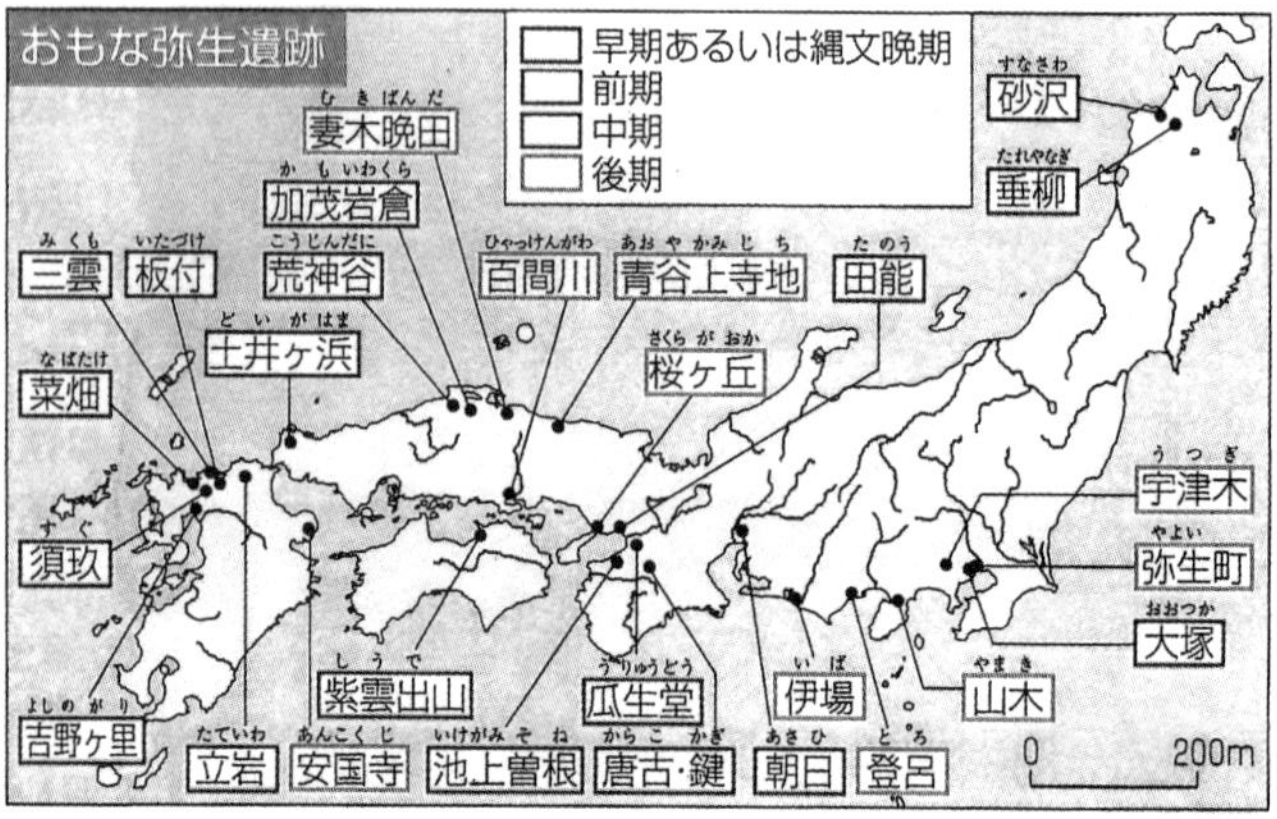

東北にも分布するが、南九州は無印
（実教出版「高校日本史」より）

原ハヤトの長期にわたる縄文的生活は、自然との共生であった。その間に、火山に脅《おび》えることがしばしばあり、時には寒冷な気象に悩まされてもきた。その後は、北・東の遠地で弥生文化が発達し、さらに古墳文化が展開していたが、それらの文化の一部は吸収し利用しても、原ハヤトの人びととの生活の底流には、縄文的生活が継承されていた。

信仰も山のカミ・海のカミへのそれが中心であったが、いまだ山祇《やまつみ》とか海神《わたつみ》とか呼ばれる段階ではなく、山や海そのものへの原初的信仰であり、まさに共生する自然への祈りに徹するものであった。

その中心的司祭者は集落の首長であ

り、男女を問わず呪術的能力を保持していた。原ハヤトの人びとは、そのような司祭者の呪能に敬意を示し、収穫物の一部を供献していた。

そのような原ハヤトの自然共生社会に、律令的支配をめざすヤマトの権力者が侵略してきたのであった。侵略は二段階に別れていた。

まずは、神話の造作であった。「日向神話」を巧妙に造り出したのである。

「日向神話」は記紀の神話構成ではその末尾に配されている。いわゆる天孫降臨に始まり、海幸・山幸を経て神武天皇の誕生に至るのであるが、この神話が継ぎ合わせて繫《つな》がれたものであることが、いくつかの箇所で見出されることを、以前に本誌でも指摘したことがある。その一例を再掲すると、紀の一書に神武天皇の諱名《いみな》（生前の名）と山幸のそれを結び合わせて「神日本磐余彦火火出見尊《かむやまといわれひこほほでみ》」などと記されていることである。

この一例からしても、海幸・山幸の誕生や海遊神話などは、後から挿入されたもので、原話の彦火火出見の誕生は磐余の誕生に直結されていたのであった。

したがって日向神話はその冒頭のニニギノミコトの天孫降臨が必要部分であり、その降臨場所の高千穂峯が隼人の聖地であったこと、その聖地に天皇の祖であるニニギが降臨することに意味があったのである。ちなみにつけ加えると、豊玉姫の世界への海遊神話は、阿多隼人の世界で伝承されていた神話で東南アジアの神話の筋書きと類似する内容で共通している。

自然共生と文明の対立

第二段は、第一段と同時的に進行していた政権側の隼人社会への武力による侵略である。武力による侵略は、第一段の神話による同化政策と表裏の関係で進めている。侵略の当初の対象とされたのは、薩摩半島南部の阿多隼人と大隅半島南部の大隅隼人で、前者は万之瀬《まのせ》川流域、後者は肝属《きもつき》川流域をそれぞれ本拠地としていた。

結果的には、両隼人は敗北して政権の所在地であった飛鳥の地への朝貢を強制されることになった。『日本書紀』天武十一年（六八二）七月に、つぎのような記事がある。

隼人多く来たる。方物を貢《みつ》ぐ。大隅隼人と阿多隼人と朝庭で相撲をとり、大隅隼人が勝つ。

この記事は、隼人が史上に具体的に記述された、ほぼ最初である。

天武朝の宮都は飛鳥寺の南の地であり、隼人たちは長途はるばる、この宮都までやってきたのであった。貢物は方物（地方の産物）とあるが、具体的には記されていない。旧暦七月は真夏のことであるから、暑さによって変質しないものであった物品であろう。相撲は服属儀礼の一種と推定されるが、現在の相撲とは異なる形態とみられる。「大隅隼人が勝つ」背景には、大隅地域の勢力の強大さが偲ばれるようである。

それはひとまずおいても、隼人の居住地から飛鳥の宮都までの野宿と自炊の連日が想定される朝貢は、体力の消耗も並大抵ではなく、その途次では病人や死者も出たはずである。筆者の試算では、その途次に要する日数は片道約四十日と見込んでいるが、それも天候次第ではさらに延びることになろう。

国司への郡司対応

中央政権の隼人に対する施策の目標は、隼人に一般公民並みに諸負担を課すことであった。しかし、その前提となる口分田《くぶんでん》の班給が隼人の居住地域では容易なことではなかった。隼人の居住地域の大部分は、シラスと呼ばれる火山噴出土壌に覆われていた。シラスは湛水力が弱く、有機成分も欠乏しており、水田耕作不適地であった。

したがって、まずは田地の開拓から始める必要があった。隼人の居住地域でもわずかに稲作可能地があった。河川上流の谷川沿いや、シラス台地基盤部の湧水《わきみず》周辺部である。そのほかでは陸田耕作か、焼畑耕作地の利用である。

このような稲作可能地を徐々に広げていくので、いわゆる班田収授政策を一挙に拡大することは不可能であった。

ところが、隼人の居住地のこのような実状を理解せず、厳格に律令の条文の実行の

A

凡田、長卅歩、広十二歩為段。十段為町。段租稲二束二把。町租稲廿二束。

凡田租、准国土収穫早晩、九月中旬起輸。十一月卅日以前納畢。其舂米運京者、正月起運。八月卅日以前納畢。

凡調絹・絁《あしぎぬ》・糸・綿・布、並随郷土所出。正丁一人、絹・絁八尺五寸。六丁成疋。（下略）

凡正丁歳役十日。若須収庸者、布二丈六尺。一日二尺六寸。須留役者、満卅日、租調倶免。

（中略）次丁二人同一正丁。中男及京畿内、不在収庸之例。（下略）

凡令条之外雑徭者、毎人均使。惣不得過六十日。

B

区分	正丁（21～60歳の男性）	次丁《じてい》（老丁《ろうてい》）（61～65歳の男性）	中男《ちゅうなん》（少丁《しょうてい》）（17～20歳の男性）	備考
租	田１段につき稲２束《そく》２把《わ》（収穫の約３％に当たる。田地にかかる租税）			
調	絹・絁《あしぎぬ》・糸・布など 郷土の産物の一種を一定量	正丁の½	正丁の¼	ほかに正丁は染料などの調の副物《そわつもの》を納入
庸	都の労役（歳役《さいえき》）10日にかえ、布２丈《じょう》６尺《しゃく》（約８m）	正丁の½	なし	京・畿内《きない》はなし
雑徭	地方での労役、60日以下	正丁の½	正丁の¼	のちに半減される

公民の税負担（養老令より）

（図版略解説）
Aは『養老令』の「公民の税負担」の条文の一部である。原文に最小限の訓読・訓点をつけた。「凡」が条文の始まりで、「およそ」と読み、「すべて」の意。
BはAに対応した各条文を解読した表。（山川出版『高校日本史』より。）

みを押し進めようとする国司が赴任すると、隼人との軋轢《あつれき》が高じることになった。

中央政権により地方に派遣された国司は、任期が終了すると都に帰り、国司在任中の勤務成績が問われ、その評定によって位階の上昇や次期の職務が決められるので、国司在任中は法規に忠実に職務を全うすることに熱心であった。そのような国司の下で、実務に当たる郡司は隼人の豪族が世襲的に選任されているので、現地の事情に通じていることもあり、国司と郡司の関係は複雑であった。

国守《くにのかみ》を中心とする国司たちは、隼人各郡の大領《だいりょう》（郡長）以下の郡司たちを集めて、律令の条文（前ページA・B）を読み聞かせながら、隼人に課せられている諸負担について説明し、法規の遵守を厳しくいいつけるのであったが、郡司たちの対応はさまざまで一様ではなかった。

隼人もさまざま

隼人国と一括して呼んでも、大隅国と薩摩国を内包しており、この二国内の郡のありかたも異なっていた。二国の地域規模にはそれほどの大差はないが、郡の数は大隅は五郡（木土のみ）であったが、薩摩は十三郡もあった。

このような郡のありかたは端的にいえば、薩摩は小規模な郡の集まりであり、郡の成立事情はそれ以前の豪族の勢力範囲に対応していることを考えると、薩摩は小勢力の豪族が群立していた地域であり、そのような特性が国の成立後も郡制の規模に反映しているようである。

また、地理的見方からすれば、大隅は日向国の影響を、薩摩は肥後国の影響をそれぞれ受けており、大隅・薩摩ともにそれぞれ隣国に接する北部に立地する郡にその影響が強く及んでいるようである。

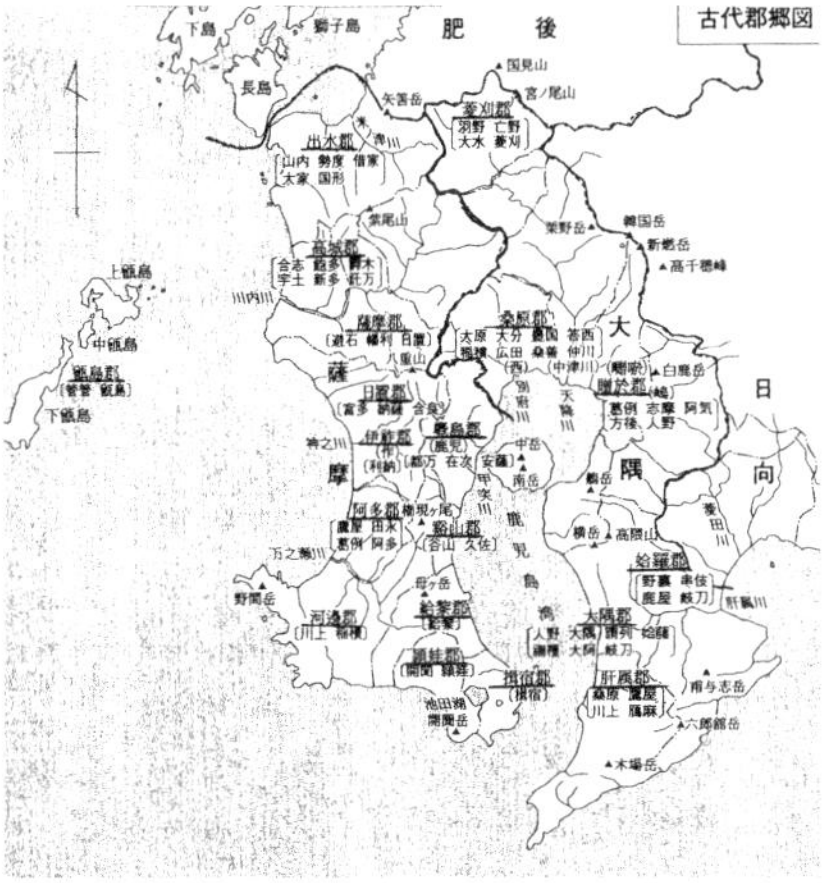

さらには、大隅・薩摩二国のなかで自立性の目立つ郡もある。それは大隅国の贈於《そお》郡で、霧島山系の西側山麓部から鹿児島湾奥の沿岸部一帯に立地する地域である。なお、「贈於郡」の地域は時期によって、かなり変動しているので、注意を要する。

以上、隼人国内の諸郡の性格を概観してみたのであるが、これら諸郡の開田事情もさまざまであり、班田収授への見通しも一様ではなかった。それでも隼人の郡司たちは、田地の拡大に努めていたが、その努力を無視したような国司の督促に耐えかねた一部の集団は、遂に蜂起したのであった。

養老四年（七二〇）の稲作作業を目前にした二月のことであった。『続日本紀』によると、「隼人反して大隅国守陽侯史麻呂《やこのふひと》を殺す」という事件が、その発端であった。陽侯氏は渡来系と見られるが、一族の来歴については詳しくはわからない。ただその姓《かばね》が「史《ふひと》」であるから、文筆に通じ、律令などの起草にも関与していた可能性が認められる。

一部の隼人の蜂起に同調して、その動きに組する隼人が増え、朝廷軍との抗争は長期化した。しかし、兵力を増強する朝廷軍には及ばず、隼人の抗戦は一年数か月におよんだが、ついに隼人の敗北に終った。

隼人の敗北後の最初の朝貢は、養老七年（七二三）であったが、この時の朝貢者は、

大隅・薩摩二国隼人等六百廿四人朝貢、（中略）酋帥《しゅうすい》卅四人……。（三四）

とある。このような多数の朝貢人数は他に例がない。いつもは二・三百人であった

から、数年前の隼人の抗戦に対する懲罰のようである。また、「酋帥」三四人とは隼人の豪族の意であろうが、この表記には野蛮な首領どもの意が込められているのであろう。郡司も含まれていたはずであるが。

また、田地の開拓についても隼人たちを急がせたようで、天平二年（七三〇）三月にはつぎのような記事がある。

> 大宰府言《もう》す。大隅・薩摩両国の百姓、国を建ててより以来、未《いま》だ曽《か》つて田を班《わか》たず。夫《そ》れ有する所の田、是《こ》れ墾田《こんでん》、相承《う》けて佃《たづくり》を為《な》す。改め動かすことを願はず。若《も》し班授に従はば、恐らく喧訴《けんそ》多からんと。

この大宰府による隼人の開田の現状報告に対し、中央政府は「是に於て旧に従ひて動かさず。」とあり、いまだ班田は時期尚早と判断している。

その後も、朝貢を継続しているが、霊亀二年（七一六）に定めた「六年相替《そうたい》」を、ほぼ守らせている。この制度は、朝貢した者は六年間は都で雑務につかせ、六年後につぎの朝貢者が上京してくると、ようやく交代して帰郷させるものである。

六年は、班田を行う年（班年）とは必ずしも一致していないが、班田の六年間隔では符合させたようでもある。そして、天平二年の大宰府の現状報告から七〇年後の延暦十九年（八〇〇）十二月に至り、ようやく班田にこぎつけたらしい記事が出てくる。

大隅・薩摩両国の百姓の墾田を収《おさ》めて、便《たよ》りに口分《くぶん》を授く。

とある。この年は全国的に班田の年にあたっているので、その年にかろうじて間に合わせたのであろう。

さらにつぎの年（八〇一）には、「大宰府、隼人を進めることを停《や》みぬ」という記事がある。この記事は、隼人の朝貢を停止したことを示しているようで、以後隼人の朝貢記事は見出せない。以後は「隼人」の名称もしだいに見えなくなる。

ところが、隼人に班田を行った後は、大隅・薩摩両国で稲作に被害を生じた記事が頻出している。蝗害《こうがい》（いなごによる被害）や大風などで不作が続き、「田租」あるいは「調庸田租」の免除などである。とりわけ蝗害は作柄不良に伴うといわれているので、この二国は稲作不適地であることが、これらの記事によっても露呈されている。

江戸時代の南九州

古代から約千年経過した江戸時代、大隅・薩摩を歩いた旅人は、この地域をどう見たのであろうか。

備中（岡山県）の薬種商・医師の古河古松軒《ふるかわこしょうけん》は天明三年（一七八三）に、日向を経て大隅から薩摩に入っているが、「上方筋《かみがた》、中国筋にくらべ思へば、何もいはんやうなき下国にて、人物言語賤《いや》しく諸品不自由なり、大隅は東西狭く、南北長き山国」といい、薩摩については「国中八分は山にて、其《その》山なり押ひしぎしやうに山の頂平なる故に、それを開きて畑となし雑穀を作る」と記している（『西遊雑記』）。

古松軒は、医師で薬草探しなどの名目で島津領入りを認められたと思われるが、かれが大隅・薩摩で観察した記述は、その地域的特性を的確に把握している。

大隅・薩摩地域でシラス台地で畑作が増大したのは十八世紀以降である。この時期に甘藷の栽培も普及し、また大豆の栽培も殖えている。とりわけ甘藷は主食として重視され、シラスの地質にも適合したことから広まっている。

後篇の記述で紹介する桐野利彦先生（歴史地理学）の著作にはつぎのような一文がある。

江戸中期以後の台地開発の促進は、島津藩のはげしい搾取と、さつまいもの伝来に大きな関係がある。島津藩は八公二民といわれるほど、過酷な収奪を行った。低地にできる米はほとんど年貢として納めさせたので、百姓はそのままでは生きられない。ところが、彼等の頭上には、広大なシラス台地が未墾地として存在している。百姓は搾取されればされるほど、この台地開発にいどまざるを得ない。しかし台地は土地がやせ、旱魃がひどいばかりでなく、風が想像以上に強いので、ここに安定作物を見出すことは非常に困難である。従来の陸稲やあわは、風に対してひとたまりもなく、到底安定作物たり得ない。しかし新来のさつまいもは、台地作物として、従来のどの作物より安定性をもっていた。

シラス畑にゃからいも植えろよ　風が　吹いたとてさ　土の中よ　（―農民のうた―）

この農民のうたによってシラス畑にはからいも（甘藷）が一番よいということが農民には定着していたことがわかる。こうしてさつまいもによって、台地開発は強く推進できたのであっても、もしさつまいもの伝来がなければ、これほど急激な台地開発は不可能であったろう。

甘藷の伝来は一七〇〇年頃とされているので、十八世紀にシラス台地の開発が進行したのと、時期が対応している。古河古松軒は、十八世紀後半に薩摩に来ているので、山の頂平を開いて畑としている状況を観察したのであろう。

笠之原台地の深井戸

「つるべ」を牛の力で引きあげている
（『三国名勝図会』より）

七十二万石の「御楼門」復元

日本最大規模で2020年3月完成した

七十二万石の実態

このように、隼人二国が稲作不適地であったことを述べると、江戸時代の薩摩藩は七十二万石の石高で、加賀藩の百万石に次いで全国で二番目を誇っていたこととの対比を指摘する声が聞こえそうである。

読者の皆さんは、この対比にどんな答えを出すでしょうか。

筆者が代わってナゾ解きをしてみたいと思います。江戸時代の全国の藩の数は二百七十前後あったが、現在の都道府県の数は四十七である。北海道は南端に松前藩という例外的な藩が一か所あるだけなので、北海道を除くと四十六都道府県である。そこで一都府県の平均を出すと、ほぼ五〜六の藩があったことになる。

ちなみに、九州で実例をあげると、熊本県では熊本市を中心とした熊本五十四万石のほか、宇土《うと》・人吉・富岡（天草）などの諸藩があり、福岡県では福岡四十三万石のほか、小倉・久留米・柳河などの諸藩があった。

薩摩藩はどうだろうか。現在の鹿児島県はほぼ全域、それに宮崎県の諸県《もろかた》郡域、さらに沖縄県（琉球国）のほぼ全域で、何と三県にまたがった広い領域であった。藩域としては例外的に広域である。なお、薩摩藩の石高は籾《もみ》高であったから、実高はほぼ半分位だといわれている。

このように少し分析を加えると、実際は貧乏藩だということがわかってくる。いっぽう、加賀藩は百万石といわれるが、実高は百三十万石はあったと推定されている。

（前篇）

十二章　隼人と稲作の軌跡―（後編）

大藩の歴史を誇る県民

鹿児島県民は、かつてこの地域に存在していた鹿児島藩（薩摩藩）が、金沢藩に次ぐ全国二位の大藩であったことを誇りにしているように見受けられる。俗に加賀百万石といわれる金沢藩にはおよばなくても、薩摩七十二万石は西日本随一の大藩であったから、そのような地で生活している者としては当然の心情でもあろう。

ところが、その大藩を継承した鹿児島県は現在県民所得で全国の下位を低迷している。

最下位の沖縄県をわずかに上回っているが、大差はない。廃藩置県から約一四〇余年で、どうしてこんなことになったのであろうか。この現状を、かつての大藩を誇りにしている人びとはどう思っているのか、あまり話題にもならないようである。そんなことは考えたくないのか。あるいは、そのような思考にはおよばず、無関心のようにも見受けられる。

しかし、低迷している鹿児島県の現状を打開し、将来への展望の道筋を見極めようとするならば、この問題を見過ごすことはできないように思われる。本稿はそのような視点から歴史的立場に重点をおいて私見を述べて、問題解明へ接近してみたい。

鹿児島の地で生活していると、歴史的思考においてしばしば錯覚におちいっていることがある。たとえば、江戸時代までこの地に君臨していた「島津」という大名家は、この地域を何千年も前から支配していた家で、いわば地域の大地主であったかのら、その家によって住民は治められ、その家に年貢を納めるのは当然のことであると。また、㊉のその家の紋所がいま鹿児島市の市章であっても、何の疑問も持たないし、この地域を代表して催し事に参加するときには、多くの人が好んでこの紋所を使っている。そして、日本全国どの地域でもそれがあたり前だと信じている。江戸時代まで鹿児島を治めていた島津氏は、鎌倉時代初期に惟宗《これむね》忠久が将軍から島津荘下司職に補任されたことから、島津氏を名乗るようになり、その後、薩摩・大隅・日向の三か国を支配するようになった。

それ以前からこの地域には豪族・住民が住んでいたから、新来の島津氏と在住の人びとの間には、しばしば大小の争いごとが生起したが、それらの曲折を経つつ島津氏はこの地にしだいに根をおろしたのであった。以来、約七〇〇年間継続して、島津一族は守護大名・戦国大名を経て、江戸時代には外様大名としてその地位を保持した特異な支配者であった。鹿児島では、外来者を「よそもん」と呼んで、ときに差別的に見る傾向がある。しかし、約七〇〇年にもなると殿様家に対してはそのような意識ははたらかなくなり、すっかり「土地のもん」として、敬意と好意をもって接してきている。

その島津氏が支配した江戸時代の鹿児島藩（薩摩藩）は、幕藩体制下でも改易《かいえき》（領地没収）・転封（国替）・減封などをほとんど受けず、明治維新を迎えている。

農民に過重な負担

鹿児島藩の族籍別人口を見ると（明治四年現在）、平民が五七万人弱、士卒が二〇万人強で、その比率は前者が七三・六パーセントと後者が二六・四パーセントとなっている。

平民（農・工・商）のうちでは、概して商人が少なかったので、ほとんどが農民とみられる。いっぽう士卒は、他藩では全人口の五～六パーセントが平均的であったから、鹿児島藩はずばぬけて武士が多かったことになる。その主な理由は、江戸時代初頭の不安定な政治状況にあったとみられる。すなわち、関ヶ原の戦い（一六〇〇年）で反徳川の西軍について敗北したことや、周辺諸藩の反鹿児島藩的動向に警戒せねばならず、軍事力の削減には消極的であったことが、武士人口の維持につながったのではないかと見られている。周辺諸藩の中でも、とりわけ熊本藩の動きに神経をとがらせていたようである。

武士人口比率が高いとは、いっぽうで農民人口比率が低いことであり、単純に見ても農民負担が高率になるのは必至である。そこで鹿児島藩では武士にも農業に従事することを認めていた。かれらは郷士といわれる武士であり、城下以外の藩内各所に分散居住させていた。そのような分散居住地は外城《とじょう》（あるいは麓《ふもと》）といい、藩内に百十三か所ばかりあった。

それでも農民の貢租負担は高率で八公二民にもなった。加えて、用夫《いぶ》（十五～六〇歳の男子）に対して、「月に三五日の公役」といわれるほどの夫役が課され、さらに柿・漆《うるし》・茶・桑などの樹木にも「上木高《うえきだか》」と称する税が課されていた。上木高の附籾は、柿・漆・桑各一本が籾一升、茶一斤が籾三升五合とされ、ほかに高掛《たかがかり》納物などが課されていた。

また、鹿児島藩独特の農村支配の仕組みとして門割《かどわり》制度がある。門とは農業経営や村落生活の単位体となった組織である。と同時に、藩権力による公的な村落行政支配の基本単位体ともなっていた農民組織である。つぎに、門割とは江戸時代の鹿児島藩の検地事業の際に、耕地の割換えと門農民たちの所属配置替えをセットにして、藩が同時並行的に行なった農村秩序（支配秩序）の再編成である。

門割の一例

享保 11 年（1726）の大御支配門割による村落再編成直後の宮之城郷時吉村の農村構造－薩摩国の例－

（門高は勺以下は切り捨て）

経営体名	門高	人口			名子	用夫	役畜	農民配当屋敷(1 は名頭のみ)	
(門)	石斗升合	男	女	総人数	人	人	疋	数	等級・面積(反畝歩)
上 市 門	22・273	3	3	6	0	2	牛 0・馬 3	1	下　1100
下 田 門	22・338	3	2	5	0	2	牛 0・馬 1	1	下　1306
紺 屋 門	22・297	4	2	6	0	2	牛 0・馬 3	1	下々　405
松木園門	22・307	3	1	4	0	2	牛 0・馬 1	1	下々　708
徳 永 門	22・307	2	2	4	1	2	牛 0・馬 2	1	下々　415
八日園門	22・307	3	3	6	0	2	牛 0・馬 1	1	下　1404
東　門	22・287	2	1	3	0	2	牛 0・馬 1	1	下々　500
西之原門	22・287	3	2	5	1	2	牛 0・馬 2	1	下　1315
馬 立 門	22・307	3	2	5	1	2	牛 0・馬 1	1	下　1605
堂 脇 門	22・317	4	2	6	1	2	牛 0・馬 1	1	下々　824
外 堀 門	22・289	4	3	7	1	2	牛 0・馬 1	1	下々　1211
市 園 門	22・327	4	1	5	0	2	牛 0・馬 3	1	下々　1128
吉祥庵門	22・248	4	3	7	0	2	牛 0・馬 4	1	下　1302
新 政 門	22・318	2	4	6	0	2	牛 0・馬 2	1	下々　1015
中 園 門	22・306	4	1	5	0	3	牛 0・馬 2	1	下々　1012
田 島 門	22・300	5	5	10	0	2	牛 0・馬 5	1	下　1406
樋之口門	22・299	4	5	9	1	2	牛 0・馬 4	2	下々　725・下々620
田 畑 門	22・277	3	1	4	0	2	牛 0・馬 1	1	下々　1315
中 原 門	22・307	3	2	5	1	2	牛 0・馬 2	1	下　1010
下 市 門	22・345	3	2	5	0	2	牛 1・馬 1	1	下　1400
荻 峰 門	22・278	3	2	5	0	2	牛 0・馬 1	1	下々　2100
今 村 門	22・301	3	4	7	1	3	牛 0・馬 1	2	下々　720・下々615
中 間 門	22・245	2	0	2	0	2	牛 0・馬 1	1	下々　1603
浮　免	267・474								
合計	780・341	74	53	127	8	48	牛 1・馬 44	25	総面積 2 町 7 反 3 畝 24 歩

出所：本表は享保 11 丙午年 9 月 9 日「薩州伊佐郡宮之城時吉村御検地名寄帳」（鹿児島県立図書館蔵）によって尾口義男氏の作成による.

年貢（農民と郷士）

地目		貢租(籾高 1 石に付)	税率(%)	備考
門地(蔵入高・給地高)	：農地の本田畑	米 3 斗 9 升 8 合	79.6	公役付加
浮免地《うきめんち》(蔵入地系・給地系)	：郷士の自作・自収地 ：高売買可能	米　9 升 2 合	18.4	公役免除売買可
抱地《かけち》(持留地)	：藩士の開墾地	米　8 升 2 合	16.4	3 年作取 4 年竿入
永作地	：郷士・農民の開墾地 ：永代使用	米 3 斗 9 升 8 合	79.6	3 年作取 4 年竿入
溝下見掛	：郷士・農民の開墾地	見掛	約 20	
大山野	：郷士・農民の開墾地	見掛	田 40，畠 20	

出所：『鹿児島県史』・秀村選三『薩摩藩の構造と展開』より作成.

このような農村支配の方法は、江戸時代の初めからあったものではない。豊臣秀吉によるいわゆる太閤検地のあと、十七世紀初めの慶長期から十八世紀の前半の享保期にいたる約一世紀余の間に、鹿児島は独自に四回にわたって「内検」と呼ばれる領内総検地を実施している。

近世前半期に実施されたこれら四回の内検事業を通して、藩では領内農民をすべて門に組織づけて支配するという農村支配の仕組み、いわゆる「門割制度」が徐々に生み出されていったのである。その実相をみると、検地のたびごとにそれぞれ村の門ごとの耕地面積とその状態（耕地の等級など）、個々の農民の年齢・性別・牛馬の役畜数にいたるまで調査し、各門の農民たちの年貢・諸役負担の平準化・公平化を企図し実施している。そのため、以前からの伝統的な門農民の家族構成や社会関係を解体し、門の再編成が行われてきた。

この制度は、年貢や諸負担を賦課・徴収する確率を高めるためには有効かつ巧妙な手法であろう。しかし、農民の家族関係・社会関係を無視しての施策であり、農民の人格や人間関係をほとんど否定する危険性をはらんでおり、看過できない問題であろう。

用夫《いぶ》と呼ばれた十五～六〇歳の男子を各門に均等に配分して、各門の労働力をならして配分しており、各門の収穫高がほぼ一定になるような仕組みをつくり上げている。その一例を表示してみよう。一覧して、だれもが目を見張るような「みごとな施策」である。

このような仕組みの施策が実施できたのは、農村地域に居住した郷士の役割が大きかったとみられる。村の庄屋は郷士がつとめ、郷士によって村は支配されていた。八公二民の高率の年貢負担ばかりでなく、支配者に抵抗する一揆も薩摩藩ではほとんど見られなかった。それでもひどい飢饉が生じていないのは、温暖な気候で冬期でも山野に草木があり、野生動物が生息していたほか、甘藷が食料の重要な役割を果たしていたからであろう。

主要農産物の分析

農業を基本産業とする江戸時代において、藩領における農業生産性を具体的に分析

明治10年代3か年の
作物別平均反当**収穫高とその全国比**

		米			麦			粟			大豆			蕎麦			甘藷		
		(石)	反当	全国比(%)	(石)	反当	全国比(%)	(石)	反当	全国比(%)	(石)	反当	全国比(%)	(石)	反当	全国比(%)	(貫)	反当	全国比(%)
畿内	山城	1	713	148.2	1	491	175.4	0	893	120.2	0	951	180.8	0	768	167.0	25	6	117.8
	大和	1	264	109.3	0	837	98.5	0	653	87.9	0	612	116.3	0	656	142.6	12	9	56.4
	河内	1	379	119.3	1	140	134.1	0	454	61.1	0	479	91.1	0	409	88.9	86	4	39.3
	和泉	1	138	98.4	1	158	136.2	0	567	76.3	0	415	78.9	0	656	142.6	11	5	50.8
	摂津	1	480	128.0	1	212	142.6	0	608	81.8	0	538	102.3	0	771	167.6	26	1	119.4
	平均	1	393	120.5	1	105	130.0	0	649	87.3	0	567	107.8	0	665	144.6	15	9	69.2
西海道七国	筑前	1	171	101.3	0	572	67.3	0	802	107.9	0	394	74.9	0	414	90.0	10	3	46.1
	筑後	1	316	113.8	0	838	98.6	1	154	155.3	0	557	105.9	0	670	145.7	15	3	69.8
	豊前	1	177	101.8	0	798	93.9	1	531	206.1	0	592	112.5	0	597	129.8	19	4	88.1
	豊後	1	70	92.6	0	764	89.9	1	191	160.3	0	595	113.1	0	494	107.4	21	6	95.9
	肥前	0	961	83.1	0	696	81.9	0	839	112.9	0	505	96.0	0	371	80.7	20	8	95.5
	肥後	1	198	103.6	0	629	74.0	0	979	131.8	0	639	121.5	0	655	142.4	21	7	95.9
	日向	0	768	66.4	0	520	61.2	0	523	70.4	0	450	85.6	0	369	80.2	16	3	73.9
	平均	1	079	93.3	0	686	80.7	0	987	132.8	0	556	105.7	0	487	105.9	20	1	91.1
二国	大隅	0	586	50.7	0	373	43.9	0	497	66.9	0	204	38.8	0	457	99.3	34	6	158.3
	薩摩	0	719	62.2	0	284	33.4	0	681	91.7	0	397	75.5	0	177	82.0	18	1	84.2
	平均	0	657	56.8	0	340	40.0	0	647	87.1	0	325	61.8	0	404	87.8	22	9	100.6
合計		1	156	100.0	0	850	100.0	0	743	100.0	0	526	100.0	0	460	100.0	21	9	100.0

出所：中村明蔵『古代隼人社会の構造と展開』.

して、その原因をさらに追究する必要があろう。農業をとりまく環境、火山性土壌や台風の常襲地域であることは前述した通りであるが、他の地域と比較しての検討をさらに深める必要があろう。

　そこで、藩領の基本作物である米・麦・粟・大豆・蕎麦（そば）・甘藷の六種をとりあげ、畿内諸国（五か国）・西海道諸国（九か国）の反当収穫高を比較してみた。

　本来ならば江戸時代の数値が得られればよいのである

が、前述したように表高・内高があり、加えて統一的尺度による数値を得ることは不可能である。したがって、明治新政府が行なった統一的調査による統計資料で、なるべく江戸期に近い資料を入手して比較したのが図版の表である。

この表によって大隅・薩摩両国（ほぼ現在の鹿児島県に該当）と他の諸国の六種作物の反当収穫高を比較すると、大隅・薩摩両国の収穫高がいかに低いかが判然とする。全国比でみると、米五六・八パーセント・麦四〇パーセントとかなり低い。粟・蕎麦は八〇パーセントを超えており、甘藷がようやく一〇〇パーセントで全国並みである。

このような結果からして、鹿児島県で米・麦などを生産して、他の地域と肩を並べることは容易ではないことが明らかである。米作から脱することは、日本人の歴史からみて大きな決断が必要である。江戸時代の武士の俸禄が「石高」で示され、農民の年貢も「米納」が基本であったように、価値観は米に集約されてきた。今後はそれからの離脱が必要である。

地域の特性をどう生かすか。この課題を克服しようとするならば、さきの六種の作物のなかでは甘藷を軸に据えて工夫をこらすべきである。そして、六種以外の作物で、この地域の風土に適した作物を育成することに工夫を重ね、試みるべきであろう。

以上は、農業・作物についての提言であるが、それらをさらに、どのように加工して、新しい価値を付与していくかも考える必要があろう。

つぎには、地域性をどう活かすかという課題がある。日本列島の南辺に立地する地域的特性を十分に活用することで、その課題に応えることができるはずである。

シラスの三大作物

前篇で引用させていただいた桐野利彦先生は『鹿児島県の歴史地理学的研究』において、つぎのように指摘されている(絶版)。

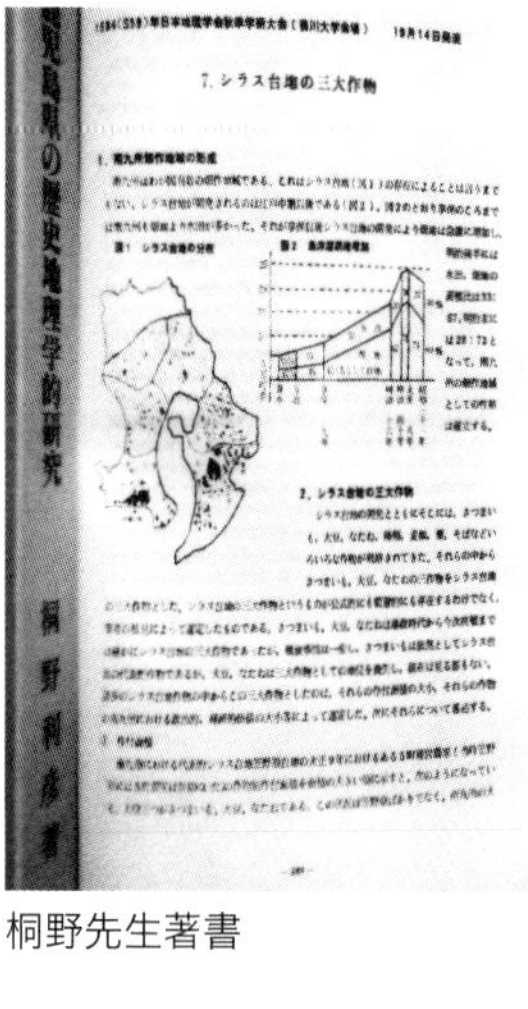

桐野先生著書

先生はシラス土壌の「三大作物」として、甘藷・大豆・菜種《なたね》をあげ、この三種がそれぞれ炭水化物・蛋白《たんぱく》質・脂肪の三大栄養素であることを指摘されている。また、甘藷の渡来以前は里芋の類が先行作物として考えられるようである。

骨粉肥料の有効性

南九州の火山性土壌の改良に骨粉肥料が有効であることを、南薩知覧の海運業を営む仲覚兵衛《なかかくべえ》が偶然に気付き、江戸時代中期（一七七〇年代）以後、各地でその利用が広まった。とりわけ、菜種栽培に際立って有効であったといわれている。

仲屋敷発掘報告書

覚兵衛は、大坂から大量の獣骨を仕入れ、南九州にもたらし、それを粉砕して利用する方法を広めているが、骨粉の成分からして酸性土壌に有効性が認められるのであろう。かつて薩摩地域には獣骨粉砕の動力として大型の水車が各地で見られたが、化学肥料などの新しい肥料の導入で、水車はほとんど姿を消してしまった。筆者は仲覚兵衛屋敷が発掘調査されるとの話を聞き、南九州市知覧町門之浦《かどのうら》集落の跡地で、その調査見学に参加させてもらい、数回現地に足を運んだ。

覚兵衛は、「かくれ念仏」の信者でもあり、また大坂の獣骨（牛・馬）の業者が被差別民であったことなども筆者は注目しているが、その実態については、後日別稿で取り上げたいと思っている。

カライモからケーキ

甘藷、さつまいものことを「カライモ」というのが鹿児島の俗語である。そのカライモを原料とした焼酎は、イモ焼酎として県人に親しまれているが、それは幕末ごろ

夢込めた「辺境」の私設図書館

鹿屋　小説家の郷原さん、来月3日開設

眼下に見渡す桜島と錦江湾の対岸に、開聞岳を望む。そんな絶景を見晴らせる大隅半島の鹿屋市浜田町の丘の上に、米国の文豪ヘミングウェーの邸宅をモデルにしたプライベートライブラリーが完成した。憧れの小説家へ思いを重ねる大隅半島芸術村の村長で、小説家郷原茂樹さん(75)の夢がつまったものだ。11月3日、オープンする。

ライブラリーは「みなみ風図書館」。郷原さんは同市を拠点に「東京友禅」「奄美物語」などの小説や詩集を出版する傍ら、地域サークル「大隅半島カルチャーロビー」を結成して地域の文化活動を支援したり、地元の特産「唐芋」を使った菓子の販売会社「フエスティバロ」を創業したりしてきた。

郷原さんは、ノーベル文学賞も受賞したヘミングウェーに憧れ、1999年、米国フロリダ半島の先端にあるキー・ウェスト島に残るヘミングウェーの邸宅を訪れた。海の近くに立つ2階建ての木造で、どの窓も縦長の長方形の上部が丸く弧を描き、緑色の格子戸が左右に開いてセットされていたのが印象的で、ヘミングウェーの息づかいが聞こえてくる気がした。

感涙で見ほれるほどの風情に、大隅半島にもこんな「ヘミングウェー・ホーム」を建てたいという思いがこみ上げたという。

大隅半島に憧れの大作家の邸宅をモデルにした図書館を建てたのは、もう一つ理由がある。

ヘミングウェーは、キー・ウェスト島など辺境の地で作家活動を続けたことで知られる。大隅半島も国家を形成した大和朝廷からみれば「大いなる隅」。そんな「辺境の地」で創作活動を続ける意味を問いかけているのではないかと。

❶「ゆったりとした流れの中で自分の書きたい物を執筆したい」と話す郷原茂樹さん ❷「大隅半島芸術村みなみ風図書館」の前に立つ郷原さん＝いずれも鹿屋市浜田町

郷原さんと私設図書館（記事）

からという。それ以前は米や雑穀が原料であったといわれている。

それでも、今では焼酎といえばイモ焼酎が県人の常識であり、米焼酎は好まれない傾向がある。したがって、カライモを原料にするのは焼酎と考えるのが一般的であり、焼いもやその他の食料とするのは多くはないようである。

ところが、カライモからケーキを作ることを考え、それを実現した人物がいる。筆者はその人物を、たまたま地域の小研究会で知るようになり、その実現までの過程を遠くから断続的に見ていたので、その一端を少し紹介してみたい。

その人物は、郷原《ごうはら》茂樹さんで、以前は鹿屋市の中心街に住んでおられたが、現在は同じ鹿屋市でも人里離れた錦江湾沿いの眺望絶佳な場所に私設図書館を開設し、そこで小説の執筆に専心しながら、四季の花樹と共に生活されている。

郷原さんについては、時折新聞などに写真入りで報道されているので、いまさら筆者の駄文の必要はないが、とりわけ筆者が敬意を覚えているのは、その思考力と執念である。

一言でいえば、地域性に密着した特性をどう生かすか、ということであろう。カライモからケーキを造り、それを全国に向けて売り出し、その成果を上げたことである。毎晩ダイヤメに焼酎は飲んでいるが、凡人はイモからケーキなどという発想は論外で、せいぜい家人たちから「ヤマイモを掘るな」と云われている戒めを守ることぐらいである。

さきの、桐野利彦さん、仲覚兵衛さんなどとともに筆者は、地域性を生かす方向を見出した先覚者の発想を、地域の若い人びとにぜひ学んで欲しいと思っている。

日本の歴史をふり返ると、南九州の住人は弥生時代以来、米作りに悩まされてきたのであった。また、火山性土壌との戦いであった。

いま、シラス土壌から建設資材を造り、それを利用する方策が進められているとも聞いている。南九州で生活する人びとは、火山と共生することから免れることはできないのである。

それでも、地域性に密着した特性を生かす方策を考える自由は与えられているのである。衣食住それぞれの身近なところでの改良をはじめ、各自が柔軟な構想力で、夢の実現に努めることを願っている。

中央集権と地方分権

日本史を覗くと、中央集権的政治形態がしばしば出現している。天皇あるいは将軍が中央で命令すると、地方までそれに従う場合が多い。

その背景には、四方を海で囲まれて一つにまとめ易いという地理的条件もあるのであろう。とはいっても、戦国時代のように各地域を支配する戦国大名がそれぞれ分国法という独自の法律をもっている時代があり、明らかに地方分権であったから、時代によって変化もしている。

しかし、どの時代をとっても、ほぼ共通して認められるものもある。それは米に価値観をおいていたことである。米は食糧としても、交換物としても相応の価値をもっていたのである。

ところが、南九州の地域では相応の価値をもつ米の生産力が低いので、中央集権的政治形態のもとでは限界がある。そこで参考になるのは戦国時代を一例とする地方分権的政治形態であろう。

戦国時代の領国支配は、一見すると閉鎖的支配のようであるが、各大名は領国の経済振興をめざして商工業の進展に熱心であったから、市場や座の設置を奨励していた。また、遠隔地取引きも活発であったから港町が繁栄していた。海外貿易にも積極的で堺や博多などを代表として、各地の港は活気があった。

南九州では坊津をあげることができる。坊津は遣唐使で栄えたごとく誤解されているが、じつは日明貿易の拠点で、近くの硫黄島の硫黄の積出し港であった。

このように、地域と密着した地方分権的形態は、鹿児島の将来を展望する時、有力な視点であり、そのための地域性を十分に考慮する必要を、筆者は願っている。

あとがき

コロナ禍で、家の中を右往左往しているとき、最近のモシターン誌上で過去を想起させてくれる昔日があった。
その一つは、キリシマツツジの並木の思い出である。場所は滋賀県大津市の琵琶湖南端、瀬田川の西にある石山寺の参道である。かつて紫式部も参籠したと伝える寺院である。この寺院の参道にはかなり成長したキリシマツツジの並木がある。二度参詣したが、いずれも花の時期ではなかったのは心残りであった。

もう一つは、中村文夫先生のお元気なお姿を誌上で拝見し、なつかしい思い出がよみがえった。親しくお話をする機会のなかったことが、今回は先生の揮筆の書に接し痛惜の思いである。また、先生は北九州八幡市のご出身だということを知り、筆者の出身（戸畑市）の隣地であったことが分り、いっそうの親しみを感じている。

本書は「モシターンきりしま」の最新の12部を多少入れ替え、補筆の上一書としたものである。出版に際しては、国分進行堂の赤塚恒久さんのご厚意を得たことに、改めて心よりの感謝を申し上げたい。

二〇二一年二月

中村明蔵

著者紹介
中村明蔵　（なかむら　あきぞう）

1935年、福岡県北九州市生まれ。1962年、立命館大学大学院日本史学専攻修了。ラ・サール高校教諭、鹿児島女子短期大学教授、鹿児島国際大学国際文化学部教授を経て、現在、同大学生涯学習講師。文学博士。著書（単著のみ）に、「薩摩　民衆支配の構造」（南方新社）「鑑真幻影」（同）「飛鳥の朝廷」（評論社）「熊襲と隼人」（同）「隼人の研究」（学生社）「隼人の楯」（同）「熊襲・隼人の社会史研究」（名著出版）「隼人と律令国家」（同）「南九州古代ロマン」（丸山学芸図書）「新訂　隼人の研究」（同）「クマソの虚構と実像」（同）「かごしま文庫(29)ハヤト・南島共和国」（春苑堂出版）「古代隼人社会の構造と展開」（岩田書院）「神になった隼人」（南日本新聞社）「隼人の古代史」（吉川弘文館）「中村明蔵雑論集」（洛西出版）「隼人の実像」（南方新社）「隼人異聞史話」（国分進行堂）「薩隅今昔史談」「かごしま歴史探訪」「「さつま」から見る歴史断章」「隼人から見た現代模様」「薩摩から日本史を覗く」（同）。

新しい隼人国への道

2021年2月28日　第一刷発行

著　者　中村 明蔵

発行者　赤塚 恒久

発行所　国分進行堂

〒899-4332
鹿児島県霧島市国分中央３丁目 16–33
電話　0995–45–1015
振替口座　0185–430–当座 373
URL　http://www5.synapse.ne.jp/shinkodo/
E-MAIL　shin_s_sb@po2.synapse.ne.jp（印刷部）

印刷・製本　株式会社 国分進行堂

定価はカバーに表示しています
乱丁・落丁はお取り替えします

ISBN978-4-9910875-7-8